פאַר מײַן טײַערן פרײַנד ברוך גאַפלאַן,
מיט גרויס, גרויס ליבע און דרך-ארץ
בערל זומאַן

Laughter Beneath the Forest

Poems from Old and Recent Manuscripts

Books of Poetry By Abraham Sutzkever

Lider (Poems), Warsaw, 1937.

Valdiks (From the Forest), Vilna, 1940.

Di Festung (The Fortress), New York, 1945.

Lider fun Geto (Poems From the Ghetto), New York, 1946.

Yidishe Gas (Jewish Street), New York, 1948.

Geheymshtot (Secret City), Tel-Aviv, 1948.

In Fayer-Vogn (In the Chariot of Fire), Tel-Aviv, 1952.

Sibir (Siberia), Jerusalem, 1953.

Ode tsu der Toyb (Ode to the Dove), Tel-Aviv, 1957.

In Midbor Sinay (In the Sinai Desert), Tel-Aviv, 1957.

Oazis (Oasis), Tel-Aviv, 1960.

Gaystike Erd (Spiritual Soil), New York, 1961.

Poetishe Verk (Poetic Works), Tel-Aviv, 1963 (2 Vols.).

Lider fun Yam Hamoves (Poems from the Sea of Death), New York, 1968.

Firkantike Oysyes un Moyfsim (Rectangular Letters and Miracles), Tel-Aviv, 1968.

Tsaytike Penimer (Mature Faces), Tel-Aviv, 1970.

Di Fidlroyz (The Fiddlerose), Tel-Aviv, 1974.

Lider fun Togbukh (Poems from My Diary), Tel-Aviv, 1977.

Fun Alte un Yunge Ksavyadn (From Old and Recent Manuscripts), Tel-Aviv, 1982.

Tsviling Bruder (Twin Brother), Tel-Aviv, 1986.

Tsevaklte Vent (Shaky Walls), Tel-Aviv, 1996.

Laughter Beneath the Forest

Poems from Old and Recent Manuscripts

by

Abraham Sutzkever

Translated from the Yiddish by
Barnett Zumoff

With an introductory essay by
Emanuel S. Goldsmith

KTAV Publishing House, Inc.
Hoboken, NJ

Library of Congress Cataloging-in-Publication Data

Sutzkever. Abraham, 1913–
   [Fun alte un yunge ksav-yadn. English & Yiddish]
   Laughter beneath the forest: poems from old and recent manuscripts / by
Abraham Sutzkever ; translated from the Yiddish by Barnett Zumoff : with
an introductory essay by Emanuel S. Goldsmith.
      p.   cm.
   English and Yiddish on facing pages.
   ISBN 0–88125–555–6
   I. Zumoff, Barnett. II. Title.
PJ5127.S86F8613   1996
839'.0913—dc20   96-16445
                                               CIP

Manufactured in the United States of America
KTAV Publishing House, 900 Jefferson Street, Hoboken NJ, 07030

Contents

RENDEZVOUS WITH A WAVE

NEEDLE-SHINE

NIGHT GRANITE

Acknowledgement

Publication of this volume was made possible by generous contributions by the following individuals and groups:

Dr. Samuel Ajl
Louis Appleman
Michael Baran
Bernard Becker
Abe and Bea Bomus
Harry Bomus
Corey Brier
Ellen and Thomas Brackett
David Breslow
Sydney Bykofsky
Leah Carrey
Estelle Cohen
Nathan Cohen
Dr. Sidney Cohen
Hannah Coopersmith
Dr. Frederic Cornell
Stanley Drapkin
Dr. Alice Falkenstein
Edsel Farber
Hy Kaplan and Helen Furman
Dr. Benjamin Gebiner
Alfred Gelberg
Esther Gershner
Abe Gershowitz
Ruth Goldstein
Selma Goode
Arthur Goodzeit
Goldie Gold
Jack Gross
Dr. Pauline Hecht
Fani Jacobson
Jacob Julius
Robert Kaplan
Michael Katz and Linda Gritz
Shimon Kishon
Nat and Sylvia Klein
Arthur Kline
Dr. Israel Kugler
Aaron Lansky

Dr. Chava Lapin
Hannah Levin
Ricki Lieberman
Mitchell Lokiec
Nathan Malat
Vladka Meed
Emanuel Muravchik
Samuel Nemaizer
Harold and Frieda Ostroff
Simon Palevsky
Helen Pardoll
Milt and Roz Pincus
John Ranz
Israel Rotkin
Lillian Seidman
Shelby Shapiro
Malka Shmulewitz
Sandy Stein
William Stern
Edwin Svigals
Albert Wallace
Max Wohl
Art Zamansky and Diane Merlin
Abe Zelmanowicz
Motl Zelmanowicz

Workmen's Circle

Branch 92/494
Branch 375
Branch 678
Branch 1013
Branch 1046
Branch 1055
Branch 1076
Cultural Foundation
Educational Center
I.L. Peretz School
Yiddish District Committee

Translator's Preface

Translating poetry is a daunting task. Two great poets have described the difficulties memorably. According to Robert Frost, poetry is "what is lost in translation," and Chaim Nachman Bialik said that "reading poetry in translation is like kissing a bride through her veil." Nevertheless, it is an urgent necessity to translate great poetry into languages other than the original if access to its enduring beauty is not to be restricted to only a tiny segment of humanity. The need is even more critical with Yiddish poetry because the universe of Yiddish readers is dwindling rapidly; if the Yiddish poetical canon is not translated into other languages it will be lost entirely. So we translators do the best we can, despite Frost's and Bialik's reservations, to make Yiddish poetry available to readers of English, which more Jews now read than any other language.

Abraham Sutzkever is the greatest living Yiddish poet, and unquestionably one of the greatest of all Yiddish poets. Elsewhere in this volume, my friend and colleague Professor Emanuel Goldsmith has provided a beautiful and moving essay about Sutzkever's poetry, which I need not repeat here. Suffice it to say that Sutzkever belongs in the pantheon of the great poets of all time and all languages. He speaks in a universal language, but the themes of his poetry have special resonance for Jews. The basis for his poetry is his faith in the eternal journey of the Jewish people, in *netsakh Yisrael*. He unites his and our past with our present and a vision of our future, to weave a magnificent, unique, characteristically verbal tapestry that describes both our inner and our external landscape.

It is self-evident that translating such a poetic giant presents even more difficulty than usual. For example, rhyme plays an important role in some, though by no means all, of Sutzkever's poems, but I have chosen here to forgo any attempt at rhymed translation because I felt that the enormously increased difficulty of doing such translation would not be justified except in the case of the poem "The Waterfall," which fell easily and naturally into a rhymed translation that greatly adds to its beauty. Also, aside from his numerous brilliant neologisms, Sutzkever uses imagery that is suffused with the history and background of Jewish experience and traditions. To translate it properly if one is not "to the manner born," as I and most American Jews are not, requires the assistance of those who were so born; fortunately, I have had the help of many such people, culminating in a careful and devoted line-by-line review of the translation by my dear friends Joseph and Eleanor Gordon Mlotek. Many of the more felicitous passages of the translation are due to their efforts, and they helped me avoid errors and mistranslations; any errors that remain are my own responsibility.

No matter how accurate the translation, the beauty of poetry can never be fully transmitted into another language. For that reason, I have presented the Yiddish original side-by-side, so that readers can enjoy the original, evaluate the translation, and perhaps improve their knowledge of Yiddish too.

The poems included in this volume, in Sutzkever's introductory words, consist of "poems of my youth and later years over a span of more than four decades, from rediscovered, patient manuscripts. They also include poems from newspapers and magazines that were not published in my previous books of poetry."

Sutzkever continues to work as a poet, essayist, and editor (of *Di Goldene Keyt*). This volume is a homage to him and a wish for his continued glorious productivity.

The Poetry of Beauty and Jewish Eternity

by Emanuel S. Goldsmith

Professor of Yiddish Language and Literature
Queens College of the City University of New York

The appearance of Barnett Zumoff's felicitous and masterly translation of one of the most important volumes of Abraham Sutzkever's poetry provides an opportunity to review the poet's contribution to Yiddish literature. Abraham Sutzkever entered the world of Yiddish literature in the 1930s with youthful enthusiasm and poetic originality. His first book was simply titled *Lider* (Poems); the second, *Valdiks* (From the Forest). It was immediately perceived that an authentic poet had appeared for whom words and poetry were both raison d'être and faith. Even more: there had clearly emerged a poet whose personality, world-view, and approach to image, sound, and rhythm were all his very own. At the same time, Sutzkever's poetry had deep roots in classical poetry, Jewish tradition, and modern Yiddish literature.

Sutzkever's youthful poetry was full of love of nature as well as love for and amazement at beauty. It dealt with the mystery of creation and the secrets of the cosmos.

> O there where the day kindles
> its colors over hills and valleys,
> I stand with sleeves rolled up
> to create my singing works.

Sutzkever, whom Itsik Manger crowned with the title "the Ariel of Yiddish poetry," was immediately recognized as a poet of universal and even cosmic dimensions. In everything he encountered a fragment of the infinite. But he was also the subjective, "introspectivist" poet who saw in everything a sign of his own path.

> Now the cherry-branch is yours—
> you have recognized the wonder of its lineage.
> You have recognized—now inherit its beauty!

> Bend your teeth closer to it
> and taste the flavor of eternity!

In his youthful years, Sutzkever also created a wonderful poem about his childhood in Siberia, which was highly acclaimed for its landscapes and poetic emotion.

> The eyes of the Siberian god demand
> that my yearning not be in vain.
> All the years that came before me, millions of years,
> tremble in the snow as they greet me.

According to the American poet and philosopher Ralph Waldo Emerson, there are two kinds of poets: poets by education and experience are respected; poets by nature, on the other hand, are loved. Sutzkever, a poet by nature, was immediately loved in the Jewish world. It regarded him as a poetic alchemist who could convert everything into poetry. In the voice of the poet's "Regnboygn" (Rainbow) one heard his own voice.

> I must raise every little thing to myself—
> I must nourish thorns with my beauty.

The urge for beauty, creativity, and poetry has never left Sutzkever. In his mature years, he writes that of all words he is jealous only of the single word *yehi,* "let there be!" If God were to grant him a single spark of the strength of that word, he would proclaim: *yehi*—let everything become poetry!

> *Yehi,* let there be poetry that existed not heretofore,
> for both the living and for those called dead.
> *Yehi,* let there be joy—and there was joy and joyousness.
> *Yehi,* and for a moment the pain was gone.

Elsewhere, the poet asks himself, "What is more than life?" and comes to the conclusion that "more than life" means living more, living to such an extent that one has hardly even begun to live.

> What is more than life? It's living more,
> more freely, more deeply. Even my fingernails
> should feel the great desire.
> Their hand should swim like a sail,
> miles away from itself. Whither?

> If there is a wind there is a harbor.
>
> Somewhere the secret of greenness resides:
>
> To always create and create.

Fate, however, decided that the singer of youthful joy and lyrical wonderment should become the poetic witness to the suffering in the Vilna ghetto, to his people's death in Ponar, and to the resistance of the Jewish partisans in the forests. He was destined to create for his dead people a "nondeath," and for his forgotten sisters and brothers a "nonforgetting."[1]

> I live! I have been fated to be
>
> a horrific but quiet lurking witness
>
> to the pain that must be transformed into illumination.

Sutzkever wrote that even during the cruel, painful years he believed in life, that death had no dominion over him.[2] While digging a ditch, as he had been ordered, he noticed the spade slice a worm in half. Bisected, one worm became two.

> The sun returns to my dark countenance
>
> and belief grasps my arm strong and firm:
>
> if a worm does not surrender when cut in two,
>
> are you then less than a worm?

While still in the ghetto, the poet swore:

> Stronger than revenge on your mother's murderers
>
> be your love for your mother's heart,
>
> whose seeds waft like Spring aromas
>
> and will, at your desert threshold,
>
> from bony sands,
>
> blossom forth for you, in your hour of bitterness,
>
> a faith!

Sutzkever's Holocaust poems eternalize not only the horrors of death, but also the valor and the resistance, the faith and the hope. They are distinguished by their personal dimension and their inti-

---

1. Yekhiel Hofer, *With Someone Else and with Myself,* vol. 2 (Tel Aviv, 1976), p. 87 (Yiddish).

2. Quoted in Jacob Pat, *Conversations with Writers in Israel* (New York, 1960), p. 168 (Yiddish).

macy and integrity. Years after the liberation, the poet wrote a poem about his forced march into the ghetto, in the company of a group of sick, insane Jews. It contains several lines that can be considered a key to Sutzkever's sublime feeling of love for the Jewish people, and to his Holocaust poetry as a whole.

> Such huddling together with Jews is a privilege:
> I had never felt so strongly the Jewish joy in sorrow.
> End-of-summer blue, and even our lord Messiah
> marches in the same shirt as everyone else, blue like the Vilya.

Since his emigration to Israel in 1947, Sutzkever has become the symbol of revival after the Holocaust, the standard-bearer of Yiddish literature in the country, and a bridge between Yiddish and Hebrew literature. He continues to insist that, just as the destruction was sung about in Yiddish, the rebirth will also be sung about in that tongue. According to him, Yiddish is the most suitable vehicle for absorbing the essence of the new life in Israel, because it bears in its roots the aromas and juices of millennia of Jewish life, the yearning prayers of generations of Jewish mothers, and the spiritual emanations of the writers in the ghettos.[1]

Just as Sutzkever's Holocaust poems are permeated with hope, so do his Israel poems convey the tones of the Holocaust. He is the poet who, while living in Israel, lives the life of the entire Jewish people and sings for the entire people.[2] In the very year that the Jewish state was established, the poet published his great epic poem about the destruction of Vilna, *Geheymshtot* (Secret City, published in Hebrew translation in 1963). At the same time, he also wrote a masterly poem about the War for Independence.

> On the granite walls of the Holy City
> a lad carries a wounded girl,
> as a stag carries a rosebush on its horns.
> Moonlight collects the blood-drops at each step.
> The young man sings the Partisan Hymn;
> the rocky hills of Judea sing along.

---

1. Ibid., p. 173.

2. Yitzkhok Yanosovitsh, *Abraham Sutzkever: His Poetry and His Prose* (Tel Aviv, 1981), p. 14 (Yiddish).

Sutzkever's magnificent Israel poems, like his work in general, can be divided into the epic (for example, *Gaystike Erd* [Spiritual Soil] and *In Midbor Sinay* [In the Sinai Desert]) and the lyric (for example, the poem cycles "In Wadi Firan", and "Lider fun Negev" [Poems from the Negev]). In the Israel poems, the landscape is constantly interwoven with the poetry and with life. The poet seeks out forgotten and hidden corners of the land as themes and backgrounds for his poems. At the same time, he remains not only in the present of his chosen locales, "but has definitively excavated, through poetry, past generations and eras." One feels in the poems "how past generations would have whispered to him the deepest secrets, and would have commanded him to sing out bits of the past in the purest Yiddish."[1]

Sutzkever's ties to the Jewish homeland, to the Jewish people everywhere, and to the Yiddish language are often expressed in his work.

> Crown them with wisdom: let them
>
> not lust after the keys to foreign kingdoms.
>
> May closeness to their brothers in the Diaspora
>
> beat in their breasts,
>
> and let them remember that only yesterday
>
> they too wandered in tatters.
>
> For lo! From New York to Beersheba
>
> the memorial candles are not extinguished.
>
> Scatter arrogance like chaff—
>
> don't let money ruin us.
>
> Grant our tongues the character
>
> not to demean our language.

Sutzkever's poetry can boast of many lofty accomplishments, but his most important contribution to Yiddish poetry is surely his *Lider fun Togbukh* (Poems from My Diary [1977]; enlarged version in his *Tsviling Bruder* [Twin Brother], 1985). In these highly controlled and at the same time delicate poems, Sutzkever achieves marvelous syntheses of individuality and collective responsibility,

---

1. Abraham Lis, *Home and Permanence* (Tel Aviv, 1960), p. 102 (Yiddish).

of philosophical resignation and religious pathos, that are unique in Yiddish and perhaps in world poetry.

> There are various signs that our life
> here is a lower level of life,
> and that the initial word that gave birth to life
> gives birth to a higher life when this life comes to an end.
> The animal clothed as Man will remain a wild beast
> as long as he does not become birdlike, winged,
> and leave the abyss behind in the abyss,
> in order to soar, soar above it to himself—
> the distance is greater than to an unseen star.

Sutzkever's work has been described as a spiral, a movement that at each successively higher stage integrates what has just happened with an "internal time." The spiral revolves around its own points of origin with constantly widening compass, integrating the present with the past. The points of origin are Siberia, Vilna, and Israel.[1] To these three geographic points should be added such internal points of origin as childhood, the Holocaust, and Jewish eternity. Sutzkever's poetry constantly returns to the internal as well as to the geographic points of origin. His works are constant backward glances and deepenings of the past in the light of what has just occurred, been thought about and felt, as well as excursions into the desired future.

The basis for Sutzkever's poetic language is his faith in the Jewish people's immortality, in the eternal journey of an eternal people, in *netsakh Yisrael*. "If Yiddish poetry had given the Jews nothing but Abraham Sutzkever's work, it alone would suffice to prevent them from forgetting the eternity of their journey."[2]

> The flower is gray now and its petals are withered,
> but tomorrow, in the dew, it will bloom again.

Dear liberated brother,

---

1. M. Litvin, "Between the Glacier and the Stake," in *Almanac*, ed. N. Gris, M. Waldman, M. Litvin (Paris, 1972), pp. 50–53 (Yiddish).

2. S. Niger, *Yiddish Authors in the Twentieth Century* vol. 2 (New York, 1973), p. 63 (Yiddish).

> this is all I possess.
>
> Take this little Book, carry it farther,
>
> carry it into eternity!

Another aspect of Sutzkever's work is the issue of the relationship between God and humanity. In 1939, he wrote a poem in which he recounts that while writing with difficulty a poem containing the word *God,* his pen crossed out that word and wrote instead the more intimate term *Man.*

> From that time, a voice like an unseen bird
>
> constantly chases me
>
> and pecks at the blossoms of my soul.
>
> With whom have you exchanged me?

It is not only the poet's dreams and reality that are permeated with God. It is also the entire structure of his ethical feelings and thoughts. "Acknowledgment of God is simul-taneously love of humanity and the unity of humanity, the world, and morality, as well as the idea of the beautiful, the good, and the ideal."[1] Acknowledgment of God is part of Sutzkever's cosmic sensitivity and his concept of the unity of all things. With his hundredth sense, the poet feels that a time must come when

> A branch will tell its neighbor that God exists . . .
>
> A human ear is fated to hear His step
>
> when lonely Man rules over all he sees.

Sutzkever's thoughts about God do not ignore the malice and cruelty of the world. The poet is willing to pay with the remainder of his life just to gaze for only half a moment upon his dead mother's face.

> I'll ask in that half a moment: Tell me, mother,
>
> was the Creator able to look you in the eye?

Nevertheless, the poet's conclusion is that

> More than all the stars from the very North to here,
>
> will remain the star that falls in a tear—

---

1. Shimen Kantz, *The Kindness of the Word* vol. 1 (Tel Aviv, 1987), p. 19 (Yiddish).

forever will a drop of wine remain in its jug.

Who will remain? God will remain. Isn't that enough for you?

The poetry of Abraham Sutzkever is a phenomenal achievement. In it are linked, in a startling way, poetic individuality, national rootedness, and cosmic consciousness. It fascinates us with its constant ascension and growth in breadth and depth. Since the appearance of his first book in 1937, the poet has gone from strength to strength, even in the most difficult and tragic years of his life and the life of his people. All his works are unified by his love of beauty and his belief in Jewish eternity. Each of his poems is like a "self-contained artistic work, in which turbulent feelings are purified and exalted to clear recognition, to original imagistic adequacy."[1]

There are readers who tend to think of Sutzkever as an intellectual poet, whose work comes more from the brain than from the heart. Sutzkever is indeed a poet of high culture and the most refined sensibilities, but the primary sources of his poetry are the eye and the ear. He has the remarkable ability to enable the reader to hear with his eyes and see with his ears. He knows that the most beautiful landscapes are beyond the reach of vision, and the most beautiful sounds, beyond the range of hearing. Though his poetry is the expression of a unique poetic voice, it can be compared to the best contemporary poetry in any language. He employs all the technical discoveries of modern language art as he simultaneously unveils a virtuosic originality. If some of his poems sometimes seem too complicated, it is because modern poets, if they are truly modern, mirror in their works all the difficulties, contradictions, and frustrations of modern civilization.

Abraham Sutzkever is one of the major creators of the Yiddish word in the twentieth century. In a certain sense, his poetry represents the culmination of five hundred years of cultural creation in the language of Ashkenazic Jewry. Samuel Johnson once said that since one cannot really translate poetry, it is the poets that sustain languages. "Because the beauty of poetry cannot be preserved in a language other than the one in which it was originally written, we study the language." In that sense, Sutzkever's poetry is a safe-

---

1. Dovid Sfard, *With Myself and With Others* (Jerusalem, 1984), p. 19 (Yiddish).

guard against the destruction of the Yiddish language and an aid to the solution of the problem of reviving and preserving it. Not without reason does the poet, pondering "a squid on the seashore in Eilat" (the title of one of his poems), imagine how the first Yiddish poet on Mars or some other star will look.

און ס'וועט זײַן בײַם אויסלאָז פון די טעג,
דעמאָלט וועט געשען: דער בן־אָדם
וועט ניט מער דערנענטערן צו זײַן הונגעריק מויל
ניט קיין ברויט, ניט קיין רינדפלייש
ניט קיין פײַג, ניט קיין האָניק.
פאַרזוכן וועט ער בלויז אַ וואָרט אָדער צוויי
און ווערן געזעטיקט.

And it will be at the end of days.
Then it will come to pass that Man
will no longer bring to his hungry mouth
either bread, or meat,
or figs, or honey.
He will taste only a word or two
and be sated.

(1978)

פֿון אַלטע און יונגע כּתבֿ־ידן

From Old and Recent Manuscripts

Evening Fantasy

A Voice

I have no one except the two ells of earth beneath me
and my body, clothed in the night-time sun.
Nevertheless, I inhale all the flowery scents
and bless my earthly moments like small children.
The world starts to wash its hair in the droplet of dew from my
    eye,
and leaves behind in me its sheen, like joyous echoes.
I listen to the growing of the shadows, to the murmuring of the
    rivers,
and still more deeply to the hurrying echo of footsteps
that run to me from afar, through coppery forests.

Chorus

In the garden, in the garden,
locked to seventeen springs,
there he lies, bound with moonbeams,
and cannot move.
The trees sing a lullaby, lu lu,
and the birds on the branches chime in, lu lu,
and he—he lies bound in chains of rest
and cannot move.

אַונט־געוועב

אַ שטים:

כ'האָב קיינעם ניט אויסער די צוויי שפּאַנען ערד אונטער מיר
און אויסער מײַן גוף אין אַ העמד פון דער נאַכטישער זון.
פון דעסטוועגן אָטעם איך אײַן אַלע בלומיקע ריחות
און בענטש מײַנע ערדישע רגעס ווי קינדערלעך קליינע.
אין טראָפּנדל טוי פון מײַן אויג נעמט זיך צוואָגן די וועלט
און לאָזט אין מיר איבער איר אָפּשײַן ווי פריידיקע עבאָס.
איך האָרך ווי סע וואַקסן די שאָטנס, ווי ס'ריידן די טײַכן
און טיפער נאָך האָרך איך דעם האַסטישן אָפּהילך פון טריט
וואָס יאָגן צו מיר פון דער ווײַטן דורך קופּערנע וועלדער.

כאָר:

אין גאָרטן, אין גאָרטן
פאַרשלאָסן אויף זיבעצן קוואַלן,
דאָרט ליגט ער געבונדן אין שטראַלן
און קאָן זיך ניט רירן.
סע זינגען די ביימער לולו,
די פייגעלעך בלוּזען אויף צווײַגן לולי,
און ער — ליגט אין קייטן פון רו
און קאָן זיך ניט רירן.

The Voice

My own heartbeat races when I hear
the hurrying footsteps of my friend.
Oh, have mercy, little mother of mine!
The wind, like a golden arrow, strikes me in the heart.
My maiden's soul is naked and freezes with shame
at the gaze of unfamiliar figures that lurk and prowl
behind the silvery leaves and rustling shadows.
The two ells of earth beneath me get smaller and smaller.
The flowery scents disappear, the rivers flee.
I have nothing except my body.
I am alone.
My love, a warm doe, is tangled in thorns.
It will probably rain soon, for a fine mist
covers my lips.
The sound of footsteps rips through my nerves.

Chorus

In the garden, in the garden,
where the joyful leaves rustle,
he tells the wind of your smile
and praises your feet.
The trees sing a lullaby, lu lu,
the birds on the branches chime in, lu lu,
and refuse to believe.

די שטים:

מײַן אײגענער האַרצקלאַפּ אַנטלויפֿט װען איך הער װי סע יאָגן
די טריט פֿון מײַן פֿרײַנד. אַך, דערבאַרעם זיך מוטערל מײַנע!
דער װינט, װי אַ גילדענע פֿײַל, צילט אין האַרצן צו מיר.
מײַן מײדל־נשמה איז נאַקעט און פֿרירט פֿון פֿאַרשעמטקײט
בײַם אָנבליק פֿון פֿרעמדע געשטאַלטן װאָס לויערן, לוגן
פֿון הינטער די זילבערנע בלעטער און שאַרכיקע שאָטנס.
די צװײ שפּאַנען ערד אונטער מיר װערן קלענער און קלענער.
די בלומיקע ריחות פֿאַרשװינדן. די טײַכן אַנטלױפֿן.
כ׳האָב קײן זאַך ניט אױסער מײַן גוף. כ׳בין אַלײן.
מײַן ליבשאַפֿט — אַ װאַרעמע הירשין פֿאַרפּלאָנטערט אין דערנער.
מסתּמא װעט רעגענען באַלד, װײַל אַ שטויב
פֿאַרדעקט מײַנע ליפּן.
די טריט שנײַדן דורך מײַנע נערװן.

כאָר:

אין גאָרטן, אין גאָרטן
װוּ ס׳רױשן די פֿרײלעכע בלעטער
דערצײלט ער דעם װינט פֿון דײַן שמײכל
און לױבט דײַנע פּיס.
סע זינגען די בײמער לולו,
די פֿײגעלעך בליִען אויף צװײַגן לולי
און װילן ניט גלײבן.

The Voice

A rainfall as lonely as I comes to slake my thirst
and speaks comforting words to me about meadows and song-
    pipes.
I feel that even the two ells of earth beneath me are not mine.
The rain gets heavier.
A tree spreads its wings over me.
I sing a song of farewell to my yearning.
And if you don't come,
I won't need my dream any more,
for in it you are here and you bring me a rose.
I'll go to the rain,
I'll go to the rivers,
and look for your house.
Perhaps lightning will illuminate the dark valleys for me.

Chorus

In the garden, in the garden,
he's gone now, your faithful one.
He has torn apart the springs
and bitten apart the moonbeams,
and has fled to who knows where.
The guardian runs around amid the grasses
with bitter tears
and touches himself on the head,
which tomorrow will no longer belong to him.

די שטים :

אַ רעגן ווי איך אַזוי איינזאַם קומט שטילן מײַן דאָרשט
און רעדט צו מיר טרייסטיקע רייד וועגן לאָנקעס און פּײַפּלער.
איך פֿיל ווי די צוויי שפּאַנען ערד זענען אויכעט ניט מײַנע.
דער רעגן ווערט שטאַרקער. אַ בוים שפּרייט אויף מיר זײַנע פֿליגל.
איך זינג אַ געזעגענונג־ליד צו מײַן בענקשאַפֿט :
און אויב וועסט ניט קומען,
באַדאַרף איך שוין מער ניט מײַן חלום,
ווײַל דאָרט ביסטו דאָ און דו טראָגסט מיר אַנטקעגן אַ רויז.
כ׳וועל גיין צו דעם רעגן,
כ׳וועל גיין צו די טײַכן
און זוכן דײַן הויז.
אַ בליץ וועט מיר אפשר די טונקעלע טאָלן באַלײַכטן.

כאָר :

אין גאָרטן, אין גאָרטן
שוין איז ער ניטאָ, דײַן געטרײַער.
צעריסן די קוואַלן
צעביסן די שטראַלן
און ערגעץ אַנטלאָפֿן.
דער שומר לויפֿט אום אין די גראָזן
מיט ביטערע טרערן
און טאַפּט זיך דעם קאָפּ וואָס וועט מאָרגן
שוין אים ניט געהערן.

The Voice

Are you here? Is it you?
I am frightened by joyous loneliness, woe is me!
Happiness has buckled my despondent knees.

Chorus

The birds . . . the trees,
lu lu,
lu li.

(Vilna, 1936)

די שטים:

דו ביסט דאָ? דו ביסט דו?
און איך בין דערשראָקן פון פריידיקער איינזאַמקייט, ווי מיר.
דאָס גליק האָט אַ בראָך געטאָן מײַנע פּאַראומערטע קני.

כאָר:

די פייגל... די ביימער...
לולו
לולי.

ווילנע 1936

The Same

The same man recognized himself
in the small face of the child in the white garden.
The child was blond, with skyblue eyes,
and he—an aged, twisted wraith, burned out.

When he, with gaze as red as autumn,
saw the child at play in the snow
(the way a blind man sees
a slender ray of light in his black sleep)
his faded lips
smiled with joy:

No, it isn't someone else,
it's me, my gold, my echo,
a sunburst of wondrous rebirth.
It's me alone, myself,
the same.

(1935)

דער זעלבער

דער זעלבער מענטש האָט זיך אַליין דערקענט
אין פּנימל פון קינד אין ווײַסן גאָרטן.
דאָס קינד איז בלאָנד, איז הימלבלאָ,
און ער — אַ רויך אַן אַלטער און צעקרימט, פאַרלאָשן.

בשעת ער האָט מיט האַרבסטיק־רויטע בליקן
דערזען דאָס קינד בײַם שפּילן זיך אין שניי,
(אַזוי דערזעט אין שוואַרצן שלאָף אַ בלינדער
אַ שטראַלבעלע אַ דינס),
האָבן זײַנע שקיעהדיקע ליפּן
צעשמייכלט זיך מיט פרייד:

ניין, ס׳איז ניט קיין אַנדערער,
ס׳איז איך, מײַן גאָלד, מײַן עבֿאָ,
אַ זונגעזאַנג פון וווּנדערלעכער נײַגעבורט,
ס׳איז איך אַליין, דער אייגענער,
דער זעלבער.

1935

First Love

A rainbow opens a gate for us
to sound and color.

Your pale hands are luminous
around my throat,
and they seal in the beauty
of the gold-tinged autumn.

I'll remember, to the end,
the prayerful silence.

From the rainbow, our witness,
I'll forge a blue sword
to protect you from lurking beasts.

Meanwhile, I'm a crystalline shadow.

And when your head nestles like a bird
in my flowing tresses,
I have an urge, like that ancient Chinese poet
who tried to catch
the moon's reflection in the water,
to drown myself in your trusting smile.

(1936)

ערשטע ליבע

אַ רעגן־בויגן עפנט אונדז אַ טויער
צו פאַרב און קלאַנג.

ס׳לויכטן דײַנע ווײַסע הענט
אַרום דער האַלדז מײַנער
און זיגלען אײַן די שיינקייט
פונעם גאָלד־באַקרויזטן האַרבסט.

געדענקען וועל איך ביזן תהום
דאָס תפילהדיקע שווײַגן.

פונעם רעגן־בויגן, אונדזער עדות,
וועל איך אויסשמידן אַ בלאָע שווערד
צו היטן דיך פון לאָקערדיקע חיות.

דערווײַל בין איך אַ שאָטן פון קרישטאָל.

און ווען דײַן קאָפּ פאַרגראָבט זיך ווי אַ פויגל
אין מײַן פלאַטערדיקער שעוועליורע,
גלוסט זיך מיר, ווי יענער אַלט־כינעזישער פּאָעט,
וואָס האָט געפּרוּווט אַ כאַפּ טאָן
אינעם וואַסער די לבנה,
דערטרינקען זיך אין דײַן באַגלייבטן שמייכל.

1936

The Words of the Oracle

Spun from the wind are the stones of my home.
Night has spattered my rooftop with stars.
Even the dog that guards my house has betrayed me,
so I've set off a-wandering on a dusty road.
Praise be the road ahead, its byways,
the wind and the rain, the woods and the rivers!
And in my heart, a desire to plow Time
as if it were scorched earth, and to plant myself—
such is my desire.
A melody will sparkle.
Its sword will guard and protect and free us from fetters,
and gilded locks will open.

And so, under the torchlight of the moon,
I've dreamed in words of glorious events
as I've journeyed by night to the oracle
to hear its truth and see its visions.
I've passed through the dewy gate of silence
and found a ladder where angels and devils go up and down,
symbol of my generation.
My temples pound: *Figures, who are you?*
My temples pound: *Song of my generation.*
Horizons unfold to me.
I stagger nearer and nearer to the voice of my fate,
nearer and nearer.
Thirstily I receive the words of the oracle:

די רייד פון אָראַקל

געשפּונען פון ווינט איז מײַן היים, אירע ציגל,
די נאַכט האָט מיט שטערן באַשאָסן מײַן דאַך.
אַפילו דער הונט וואָס באַשיצט ווי אַ ריגל
מײַן טיר, האָט פאַרראַטן. און כ׳האָב מיטן שליאַך
געלאָזט זיך אין וואַנדער. אַ לויב צום אַנטקעגן,
אַ לויב צו זײַן רחבות, צום ווינט און צום רעגן,
צום וואַלד און צום טײַך. אינעם האַרץ — אַ באַגער
צו אַקערן צײַט ווי אַן ערד אַ פאַרברענטע
און זיך צו פאַרזייען. אַזאַ מײַן באַגער.
אַ ניגון וועט שפּריצן מיט פונקען. זײַן מעסער
וועט שיצן־באַשיצן, באַפרײַען פון פענטע,
און ס׳וועלן זיך עפענען גילדענע שלעסער.

אַזוי האָב איך אונטער לבנהקן פאַקל
געחלומט אין ווערטער פון העלן געשען
בשעת כ׳האָב געצויגן בײַ נאַכט צום אָראַקל
זײַן וואָרזאָגן הערן, זײַן זעונג דערזען.
כ׳בין דורך דורכן טויזקן טויער פון שווײַגן
און אָט איז אַ לייטער ווו ס׳נידערן, שטײַגן
מלאכים און שדים: סימבאָל פון מײַן דור.
עס קלאַפּן די שלייפן: געשטאַלטן, ווער זענט איר?
עס קלאַפּן די שלייפן: גוזאַנג פון מײַן דור.
און ס׳וויקלען מיך אויס האָריזאָנטן: איך וואַקל
אַלץ נענטער צום קול פון מײַן גורל, אַלץ נענטער — —
און דאַרשטיק פאַרנעם איך די רייד פון אָראַקל:

I see destruction, and your people will not avoid
its lava on the painful earth.
But their fear and suffering will boil differently,
and the decline that is fated for them
will be unique among oppressed peoples and tribes.
And differently will their spirit seek survival,
dispersed to the four corners of the earth.
Only some of them, the bravest, will find,
through the byways of life,
a place in the sun,
and will sow their secure and sunny seed.
Blessed is the holy light of ideas;
blessed is the name of him who will be born tomorrow.
And you, pale possessed poet,
how shall I comfort you, dear one?
For you know yourself that not from diamantine heights
comes the winged angel of comfort,
but only from your very own depths,
which burn with thirsty fire to be recognized.
And more than likely the dust of the road will not
darken your silvery, flaming brightness.
You yourself will become the road
over which your brother will later march
willingly to the sacred sacrifice,
and then you'll both rise as brothers.

„אַן אונטערגאַנג זע איך, און ס'וועט ניט פאַרמײַדן
זײַן לאַווע דײַן פאָלק אויף דער פײַנלעבער ערד.
נאָר אַנדערש וועט זידן זײַן שרעק און זײַן לײַדן
און אַנדערש וועט אונטערגיין זײַן אים באַשערט
צעווישן געבויגענע פעלקער און שבטים.
און אַנדערש וועט זוכן אַנטרינונג זײַן אָטעם
פאַרבלאָנקעט אין אַלע פיר זײַטן פון וועלט.
אַ ט י י ל בלויז, דער בראַווסטער, וועט דורך די אַלעע
פון לעבן, געפינען אַן אָרט אין דער וועלט
און זייען זײַן זיכערן זוניקן זאָמען.
געבענטשט איז דאָס הייליקע ליכט פון אידעע,
געבענטשט איז דער מאָרגן־געבוירענער נאָמען.

און דיך, דעם באַנומענעם זינגער דעם בלייכן,
ווי זאָל איך, מײַן ליבער, דיך טרייסטן? דו ווייסט
אַליין דאָך, אַז ניט פון בריליאַנטענע הייכן
קומט־אָן דער באַפליגלטער מלאך פון טרייסט,
נאָר בלויז פון די אייגענע טיפן וואָס ברענען
אין דאָרשטיקן פײַער צו וועלן דערקענען.
און וואָרהאָפטיק: ס'וועט ניט דײַן שטויב פונעם וועג
די זילבערנע לויטערקייט דײַנע וואָס פלעמלט
פאַרטונקלען. אַליין וועסטו ווערן דער וועג
אַוו: ס'וועט דײַן ברודער דערנאָך צו עקדה
פון אייגן געוויסן מאַרשירן. און דעמלט
פאַרברידערטע וועט איר דערהייבן זיך ביידע".

The hanging bridge of sunset, set afire by warriors,
falls in pieces into the depths, 'midst heavenly wailing.
A single ray, like a tiger in the jungle,
still clings by its teeth and claws
to the flesh of a mountain.
Where daylight has faded,
now the night sun composes whispering songs.
Sunken in the abyss is the oracle,
gone.
There remain in me only its words and the traces of my dreams,
nothing else.
But somewhere in me still pulses
belief in ongoing life and new writings,
and I remain with my love, forever, forever . . .

(1936)

די הענגבריק פון שקיעה, געצונדן פון קריגער,
צעפּאַלט זיך אין אָפּגרונט מיט הימליש געוויין.
אַן איינציקער שטראַל, ווי אין דזשונגל אַ טיגער,
פאַרקלאַמערט זיך נאָך מיט די נעגל און ציין
אין לײַב פון אַ באַרג. ווו דער טאָג איז פאַרגאַנגען —
אַצינד וועבט די נאַכטזון די שטילסטע געזאַנגען.
פאַרזונקען אין תּהום דער אָראַקל. ניטאָ.
פאַראַן בלויז אין מיר זײַנע רייד און די סליאַדן
פון מײַנע חלומות. מער גאָרנישט ניטאָ.
נאָר ערגעץ אין מיר קלאַפּט אַן אָדערל גלייביק
צו ווײַטערדיק לעבן, צו נײַע כּתב־ידן,
און כ׳בלײַב מיט מײַן ליבשאַפט אויף אייביק, אויף אייביק...

1963 ,1936

Around Lakes

Beneath the glow of Saturn,
'midst ancient arrowy fir trees,
my bare feet print their traces
around phosphorescent lakes.
I've come to this place
to wreath it lovingly with laurel—
for me, each clod of earth is like an altar
to which I bring my song as a sacrifice.
I'm reborn as a child
in the pale, quartz-veined countryside,
by the cold and crystal water
where forest dreams linger.

Let loneliness lead a soul by the hand—
I still walk faithfully through the wooded gates of Night.
Like the rush of wind in your viscera,
the life of everything I see rushes through mine,
even the images that hover nearby.
I send a prayer to my own body
as if to strange, phantastical gods:
Make me whole, so I can resolve my simple earthly pleasures
on the steps of Night o'er which I clamber.

אַרום אַזוערעס

אונטער שײַן פון סאַטורן,
צווישן פּײַליקע יאַדלעס אוראַלטע,
קריך איך אויס מײַנע באָרוועסע שפּורן
אַרום אַזוערעס פאָספאָר־באַשטראַלטע.
יאָ, איך בין דאָ געקומען כּדי איך
זאָל מיט ליבשאַפט די געגנט באַלאָרבן.
יעדער ערד איז פאַר מיר אַ מזבח
ווו איך ברענג מײַן געזאַנג פאַר אַ קרבן.
כ׳וועל אויף ס׳נײַ ווי אַ קינדהייט באַשאַפן
אין דער קוואַרצענער געגנט דער בלאַסער;
בײַ דעם קאַלטן בריליאַנטענעם וואַסער
ווו חלומות פון ווילדוועלדער גאַפן.

זאָל די איינזאַמקייט פירן
פאַר אַ האַנט אַ נשמה. אַ טרײַער
גיי איך נאָך דורך די וואַלדיקע טירן
פון דער נאַכט. ווי דער ווינטרויש אין אײַער
רוישט אין אינגעווייד מײַנעם דאָס לעבן
פון דעם אַלץ וואָס איך זע; און אַפילו
פון די בילדער דערבײַ וואָס פאַרשוועבן.
צו מײַן אייגענעם גוף טו איך תּפילה
ווי צו פרעמדע פאַנטאַסטישע געטער:
— מאַך מיך גאַנץ, איך זאָל קאָנען באַשיידן
מײַנע פּראָסטע און ערדישע פריידן
איבער שטאַפלען פון נאַכט ווו איך קלעטער.

And I sink down by the shore of a lake.
See how my reflection, which in my inner confusion
I've been unable to fathom,
comes up to meet me from the quicksilver bottom.
Now it billows forth 'midst stars from the deep.
I see its contour encounter mine
and the two of us merge into a single body.
O heart of mine! Have you finally found a home,
or have I sacrificed you for the sake of an instant of eternal
    beauty?

(1937)

און איך פֿאַל בײַ די ברעגן
פֿון אַן אָזערע. קוק, ווי דאָרט אונטן
פֿונעם קוועקזילבער־דנאָ קומט אַנטקעגן
מײַן געשטאַלט, וואָס איך האָב ניט דערגרונטן
זי געקענט אין מײַן איכיקן פּלאָנטער.
איצטער קוואַלט זי אַרויס צווישן שטערן
פֿון דער טיפֿעניש. כ׳זע ווי איר קאָנטור
טרעפֿט מיט מײַנעם זיך אויף און מיר ווערן
ביידע איינס, אין אַ גופֿיקער איינקייט.
אָ דו האַרץ מײַנס, צי האָסטו דערוואָרבן
שוין אַ היים, אָדער כ׳ברענג דיך אַ קרבן
פֿאַר אַ רגע פֿון אייביקער שיינקייט?

1937

A Mound of Earth

I bring a mound of earth
and my gaze plows through the mound,
so recently drenched with both hail and rain,
to find redemption for my inner self.
Now I've plowed all the way through
and a new vista opens before me.

Whose heartbeat and tears and sorrow are those,
there in the silent abyss?
Dearest Earth, am I slave or master?
My summer, with its lively rushing and tumult,
is all burned out in you.

I am your green tree—your green ash.

(1936)

אַ הויפֿן ערד

כ׳ברענג אַ הויפֿן ערד. און מײַנע בליקן
אַקערן אַדורך דעם הויפֿן ערד
אָקערשט אי באַהאָגלט אי באַרעגנט,
צו געפֿינען פֿאַר מײַן איך אַ תּיקון.
דורכגעאַקערט שוין דעם הויפֿן ערד —
עפֿנט זיך פֿאַר מיר אַ נײַע געגנט.

װעמעס האַרצקלאַפּ און געװײן און צער
דאָרטן װוּ דער אָפּגרונט איז אַ שטומער?
ערדעניו, צי בין איך קנעכט צי האַר:
אויסגעלאָשן איז אין דיר מײַן זומער
מיטן לעבעדיקן רויש און רעש.

כ׳בין דײַן גרינער בוים — דײַן גרינער אַש.

1936

Between Sun and Storm

The storm rides toward us on a centaur of clouds;
the countryside trembles, a victim, in his arms.
Half the earth is reddened by the sun's anger,
and between sun and storm stand I, the world's faithful friend.

With my hands, two giant's wings,
I protect and shield the sun
that drilled its ABC's into my depths.
The oak trees shatter and the rivers swallow ships,
and even the cliffs of the abyss are no longer intact.

The cloud-centaur is wreathed with laurel.
The sun approaches and hurls its last rays into the storm.
A struggle,
spray.
And between the sun and the storm's elemental force am I—
the storm lies shattered at my reddened feet.

(1937)

צווישן זון און שטורעם

דער שטורעם רײַט אַנטקעגן אויף אַ וואָלקנשן קענטאַוור,
אין זײַנע אָרעמס צאַפּלט זיך די געגנט, זי איז קרבן.
אַ האַלבע ערד איז מיטן צאָרן פֿון דער זון באַפּאַרבן,
און צווישן זון און שטורעם — איך, דער וועלטס געטרײַער חבר.

מיט הענט, מיט ריזן־פֿליגלען צוויי, באַשיץ איך און באַפּאַנצער
די זון, וואָס האָט איר אַלף־בית פֿאַרזייט אין מײַנע טיפֿן.
סע ברעכן זיך די דעמבעס, אין די טײַכן זינקען שיפֿן,
און אויך דער פֿעלדז בײַם אָפּגרונט איז אַצינד ניט מער קיין גאַנצער.

דער וואָלקנשער קענטאַוור איז מיט לאָרבערן באַבלעטערט.
די זון קומט נענטער. שלײַדערט אינעם שטורעם לעצטע זריעה.
געראַנגל. שטויב. און צווישן זון און שטורמישער סטיכיע —
בין א י ך. דער שטורעם ליגט בײַ מײַנע רויטע פֿיס צעשמעטערט.

1937

Hunchbacked Hangman

I see a vision: A hunchbacked hangman
lies dying on a rusty bed.
The room is empty.
Ashen figures swing back and forth in the emptiness.
Night's red silhouette
clambers over roofs and attics,
searching for a place to hide.

Excellency, your noose is not needed—
white throats tremble no longer.
All the hurts have been choked out
of the hundred fiery youths.
Breathe a while longer, see and hear.
Yesterday and day before, on your gallows,
they still sang of freedom.

Excellency, you hanged me too.
I really ought to look familiar to you.
I wasn't someone of exalted rank,
but perhaps your very nearest and dearest:
I am your son, the last prisoner.

And the morning star hangs from a noose
behind a barred window.

(1937)

הויקערדיקער תּלין

כ׳זע אַ זעונג: הויקערדיקער תּלין
גוסט אויף אַ זשאַווערדיקן בעט.
פּוסט אין קאַמער. ס׳הוידען זיך און וואַליען
אין דער פּוסטקייט אַשיקע געשטאַלטן.
און די נאַכט — זײַן רויטער סילועט
קלעטערט איבער ביידעמער און דעכער,
נישטערט ווו צו קאָנען זיך באַהאַלטן.

— עקסעלענץ, דײַן פּעטליע איז ניט נייטיק,
ווײַסע העלדזער צאַפּלען זיך ניט מער.
אויסגעוואָרגן איז אַיעדער ווייטיק
פון די הונדערט פײַערדיקע יונגען.
אָטעם נאָך אַ ווײַלע, זע און הער:
נעכטן, אייערנעכטן אויף דײַן תּליה
האָבן זיי פון פרײַהייט נאָך געזונגען.

עקסעלענץ, דו האָסט אויך מ י ך געהאָנגען,
וואָרהאַפטיק, איך דאַרף דיר זײַן באַקאַנט:
ניט קיין עמעצער פון הויכע ראַנגען
אפשר גאָר דער אייגנסטער, דער נענטסטער:
כ׳בין דײַן זון, דער לעצטער אַרעסטאַנט.

און דער מאָרגן־שטערן אויף אַ פּעטליע
הינטער אַ פאַרקראַטעוועטן פענצטער.

1937

Denial of Evil

Be quiet, my heart,
let no one hear your cries.
Be like the Sunset,
who is just saying farewell
to the yearning Earth
when the goddess of Night,
with her provocative figure,
billows out to meet him.

Deny evil,
drive hatred from you.
It's only something thought up by Man
when Earth and Heaven first separated.

Be a believer, my heart,
and flitter through the gardens of the world
as the evening-bird does,
with cosmic song—
through you.

(1938)

לייקענונג פון שלעכטס

זײַ רויִק האַרץ,
זאָל קיינער ניט פאַרנעמען דײַן געשריי.
דו זײַ אַזוי ווי ס׳איז דער זונפאַרגאַנג
וואָס האַלט זיך אין געזעגענען
מיט בענקענדיקער ערד
ווען אים אַנטקעגן קוואַלט אַרויס
די געטין פון דער נאַכט
מיט רייצנדיקע ליניעס.

פאַרלייקן שלעכטס,
פאַרטרײַב פון זיך די פײַנדשאַפט.
דאָס האָבן בלויז די מענטשן אויסגעטראַכט
ווען ערד און הימל האָבן זיך צעטיילט.

זײַ גלייביק, האַרץ,
און פלאַטער דורך די גערטנער פון דער וועלט
אַזוי ווי ס׳פלאַטערט איצט דער אָוונט־פויגל
מיט קאָסמישן געזאַנג —
דורך דיר.

1938

Symphony of Light

Symphony of light on the doorsteps,
a string of lost beads.
The air vibrates with a rainfall of thoughts
over meadows and plains.

To be alone, alone, alone,
with the phosphorus eyes of an owl,
and orchards
loaded with apples, plums, and pears.

The fruits fall to the ground.
Lanterns glitter with teardrops.
A dancer dances on the pathways,
and Day ceases to move.

(1938)

סימפּאָניע פון ליכט

סימפּאָניע פון ליכט אויף די שוועלן,
אַ שנירל פּאַרלויירענע קרעלן.
די לופט מיט אַ רעגן מחשבות
וויברירט איבער לאָנקעס און פּליינען.

אַליינען, אַליינען, אַליינען
מיט פּאָספּאָרנע אויגן פון סאָוועס,
און סעדער, די אַקסלען באַלאָדן,
מיט עפּל, מיט פלוימען און בערנעס.

די פּירות דערגרייכן צום באָדן,
פּאַרטרערנטע מיניען לאַמטערנעס.
אַ טענצערין טאַנצט אויף די וועגן,
דער טאָג הערט זיך אויף צו באַוועגן.

1938

The Waterfall

The waterfall falls to a pit without plumb,
reflecting the forest in its mighty heart's thrum.

Crystal rhythm rends the air and pounds—
the rushing foam re-echoes and resounds.

Up above, a watery spray, its crown,
and below, the tide of steel flows down.

A lark flies by, and its peaceful trill
magically bids the noise: *Be still.*

A cloud tries to block the flowing heart,
but watery teeth saw it apart.

For what does it pine, and whither the stream?
Turmoil is peace, and peace is a dream.

Through endless, unchanging nights and morns
it grinds up silence; Time it scorns.

It still has dreams, not yet come true—
it falls and glistens, as waterfalls do.

(1940)

דער וואָסערפֿאַל

דער וואָסערפֿאַל פֿאַלט אין אַ תּהומיקן פֿאַלד
און שפּיגלט אין מאַכטיקן האַרצקלאַפּ דעם וואַלד.

בריליאַנטענע ריטמען צעשנײַדן דעם רוים,
פֿאַרהילכן, פֿאַרמילכן אין רווישיקן שוים.

און אויבן אַ וואָסערשטויב, זײַן אָרעאָל,
און אונטן דעם וואָסערפֿאַלס פֿלייציקער שטאָל.

אַ לאַרך פֿליט פֿאַרבײַ און דער זינגער פֿון פֿריד
פֿאַרכּישופֿט אַ רגע דעם רויש מיט זײַן ליד.

אַ וואָלקן וויל צוימען דעם וואָסערפֿאַלס וועג
צעזעגן אים ציין פֿון אַ שטראָמיקער זעג.

ווּהין זײַן געשטראָם און זײַן בענקשאַפֿט איז ווּ?
די רו איז באַוועגונג, באַוועגונג איז רו.

דורך נעכטנס, דורך מאָרגנס, אָן ענדער, אָן בײַט,
צעמאָלט ער די שטילקייט און רירט ניט די צײַט.

נאָך האָט ער זײַן חלום, זעט אויס, ניט פֿאַרוואָרט:
ער פֿאַלט און ער שטראַלט אויפֿן זעלביקן אָרט.

1940

In the Garden

I'm dreaming: I'm a sun that sets in a marsh amid lilies.
Nearby hangs a garden leaved with Time,
and a weeping bird sings: *Where has your life gone?*

But soon I divide like an ameba—
only the earthly half of me begins to glow.
I see my image as apple-red,
though my other self cries from the marsh: *Help me!*

Is the dream over? In truth, I cannot say,
for I've wakened in the garden,
the sun has wreathed my brow with dew,
and my inner self has cried *Help!* to me
as it did there.

(April 1940)

אין גאָרטן

סע חלומט זיך מיר: כ׳בין אַ זון, וואָס פאַרזינקט
אין אַ זומפּ צווישן ליליעס, דערלעבן —
הענגט אַ גאָרטן באַבלעטערט מיט צייַט, און סע זינגט
אַ וויינפויגל: ווו איז דייַן לעבן?

נאָר ווי אַן אַמעבע צעטייל איך זיך באַלד:
סע פאַרגליט בלויז די ערדיקע העלפט מיר.
און כ׳דערזע אין אַן עפּלשן רויט מייַן געשטאַלט,
כאָטש פון זומפּ שרייַט מייַן צווייטער איך: העלף מיר.

געענדיקט דער חלום? — איך ווייס ניט, פאַרוואָר,
בשעת כ׳האָב אַנטוואַכט אין אַ גאָרטן —
האָט מיך טוייִק באַלאַרבערט די זון, און מייַן וואָר
האָט ה ע ל ף מ י ר געשריִען, ווי דאָרטן.

אַפּריל 1940

Narotsh Forest

With Vilna in my heart
like a bullet that cannot be removed,
with poems turned into powder
and loaded into my gun,
I lie here in a ditch
to listen and detect
dark footsteps
amid the grass and plants.

Through the new-grown grass,
through the unspoiled dawn,
on and on the dark footsteps go.
I know this:
I am a wolf and a poet in one,
and I release from the gun
poem after poem.

A shot. A fall.
The dew from the trees
sprinkles my brow
with gilded fear.
And I hear a Heavenly voice
say to me:
You've wiped a blemish
off the Earth.

(Narotsh Forest, October 9, 1943)

נאַראָטשער וואַלד

מיט ווילנע אין האַרץ,
ווי אַ קויל ניט צו רירן,
מיט געפּולווערטע לידער
געלאָדן אין ביקס,
ליג איך אין ראָוו
צו דערהאָרכן, דערשפּירן,
שוואַרצע טריט
צווישן גראָז און געוויקס.

דורך פרישן גראָז,
דורך באַגינען דעם ריינעם,
גייען, גייען
די שוואַרצע טריט.
איך וויים:
כ׳בין אַ וואָלף און אַ דיכטער אין איינעם
און באַפרײַ פון דער ביקס
אַ ליד נאָך אַ ליד.

אַ בליץ. אַ פאַל.
און דער טוי פון די ביימער
באַשפריצט מײַנע ברעמען
אין גילדענער שרעק.
און איך הער ווי אַ בת־קול
זאָגט מיר לאמור:
האָסט אָפּגעווישט
פון דער ערד אַ פלעק.

נאַראָטשער וואַלד, 9טן אָקטאָבער 1943

Epitaph

Lily, Lily, last words . . .
don't wait for me in the real world—
only in your dreams will your beloved
come to kiss your hair.

Through the fire of Maidanek
my grave rises into space.
I shall come to your veranda
like a soft breeze to a tree.

O glorious, silent dove—
I neither tremble nor weep.
For me the name of Lily
is enough to make Death seem sweet.

(Moscow, 1944)

עפּיטאַף

לילי, לילי, לעצטע ווערטער...
ניט דערוואַרט מיך אויף דער וואָר.
בלויז אין טרוים וועט דײַן באַשערטער
קומען קושן דײַנע האָר.

דורכן פײַער פון מײַדאַנעק
שטײַגט מײַן קבר אינעם רוים.
איכ׳ל קומען צו דײַן גאַנעק
ווי אַ ווינטל צו אַ בוים.

טויב דו ליכטיקע, דו שטילע,
ניט איך ציטער, ניט איך וויין.
ס׳איז געגנוג דער נאָמען לילי,
אַז דער טויט זאָל אויסזען שיין.

מאָסקווע 1944

Patti Kremer[1]

Stab out my eyes, for I don't want to take any hatred with me.
Let pine trees remain pine trees, not green gallows.
Patti Kremer's face is like a moist cobweb—
shamefaced dew, sun-drenched, rests on her eyelashes.

Patti will not curse her city. There as a little girl,
she carried little pitchers of fire through the cellars.
There she grew up, and there too became an old woman.
There she cherished, in the night, alleys and streetcorners.

Patti will not curse her city.
She will continue to stride forward
with her youthful dream of a youthful world,
as she used to, then.
Let the storks remain soaring violins,
and hope, the single burning candle.

Patti will not curse her city:
Farewell, Vilna, farewell grave and Arkady-Alexander.
The neighborhood totters like a gnarled old woman.
Patti Kremer blesses her city on her very last journey.

(Vilna, 1945)

1.The wife of Arkady (Alexander) Kremer, founder of the Bund.

פּאַטי קרעמער*

„שטעכט מיר אויס די אויגן, כ'וויל ניט מיטנעמען קיין שׂינאה,
זאָלן סאָסנעס בלײַבן סאָסנעס ניט קיין גרינע תּליות".
פּאַטי קרעמערס פּנים איז אַ נאַסע פּאָוועטינע,
שעמעוודיקע טויען, פול מיט זון, אויף אירע וויִעס.

פּאַטי וועט איר שטאָט ניט שילטן. דאָ האָט זי אַ קליינע
עמערלעך מיט פײַער איבער קעלערן צעטראָגן.
דאָ געוואַקסן. דאָ אויך אויסגעוואַקסן אין אַ זקנה,
דאָ געצערטלט אין די נעבט זאַוווליקעס און ראָגן.

פּאַטי וועט איר שטאָט ניט שילטן. זי וועט ווײַטער שפּאַנען
מיטן יונגן חלום פון אַ יונגער וועלט, ווי דעמלט.
זאָלן בלײַבן שוועבנדיקע פידלען די בוטשאַנען,
און די האָפענונג — אַן איינציק ליכטעלע וואָס פלעמלט.

פּאַטי וועט איר שטאָט ניט שילטן. „ווילנע, זײַ געזעגנט,
זײַ געזעגנט קבר און אַרקאַדי־אַלעקסאַנדער".
אײַנגעקאָרטשעט ווי די זקנה וואַקלט זיך די געגנט,
פּאַטי קרעמער בענטשט איר שטאָט אין סאַמע לעצטן וואַנדער.

ווילנע 1945

* די פרוי פון אַרקאַדי קרעמער (אַלעקסאַנדער), גרינדער פון „בונד".

After the Holocaust

Creator, You've come to find me
in the abyss.
I am Your thought gone astray.
In Your existence I am searching for a meaning here,
but all my words are frail.

I know not which of us two is more earthly,
and who is whose Man and whose God.
There is no third person to decide
and pass judgement on my actions now.

Creator, remember me with joy.

(Warsaw, 1946)

נאָכן חורבן

באַשעפער, ביסט געקומען מיך געפינען
אין תּהום. כ׳בין דײַן פאַרלוירענער געדאַנק.
אין דײַן פאַראַנונג זוך איך דאָ אַ זינען
און אַלע מײַנע ווערטער זענען קראַנק.

איך ווייס ניט ווער ס׳איז ערדישער פוןביידן
און ווער איז ווועמעס מענטש און ווועמעס גאָט.
ניטאָ קיין דריטער ווער סע זאָל באַשיידן
און ווער ס׳זאָל מישפּטן אַצינד מײַן טראָט.

באַשעפער, זאָלסט דערמאָנען מיך אין פריידן.

וואַרשע 1946

Let's

If you in your longing
cannot grant me immortality,
like a cherry in the dead of winter
still clinging blindly to the leafless branch,
be my death. I will prepare myself;
give it another name.

To fulfill her request,
I've carried out her wishes:
I've wrapped her, like a wave,
around my neck and loins,
and happiness has tinkled
in the colors and sheen
of my thirsting eyes.
And in that wild trembling,
green poison mixed with honey,
there ran again through both of us
all the tenderness and joy
of times long gone.

Then, together,
we swung up to the stars.
Near unsullied Sirius
I kissed away her tears:
Before silence and its noisy chatter
give you such a gift,
let's play at horror;
let's trade death for life.

(Paris, 1946)

לאַמיר

„אויב דו קענסט ניט אין דײַן בענקען
די אומשטערבלעכקייט מיר שענקען,
ווי אַ קאַרש אין סאַמע ווינטער
נאָך אין בוימהאָלץ אַ פאַרבלינדטער,
זײַ מײַן טויט. איך וועל זיך גרייטן,
גיב אַ נאָמען אים אַ צווייטן".

דאָס פאַרלאַנגטע צו דערפילן
האָב איך אויסגעפירט איר ווילן:
ווי אַ כוואַליע זי פאַרוויקלט
אויפן האַלדז, אַרום די לענדן,
און דאָס גליק האָט זיך געגליקלט
אין די פאַרבן, אין די בלענדן
פונעם דאַרשטיקן שוואַרצאַפּל.
און אין יענעם ווילדן צאַפּל —
גרינער סם געמישט מיט האָניק,
זענען ווידער דורך איןביידן
אַלע צערטלענישן, פריידן,
שוין פאַרגאַנגענע לאַנגאָניק.

דעמאָלט האָבן מיר אין איינעם
זיך געהוידעט ביז די שטערן.
און בײַם סיריוס בײַ דעם ריינעם
האָב איך איר געקושט די טרערן:
איידער שטילקייט און איר פלוידער
וועט אַזאַ געשאַנק דיר געבן,
לאָמיר שפּילן זיך אין שווידער:
לאָמיר בײַטן טויט אויף לעבן.

פּאַריז 1946

Pithom and Rameses

Here was Pithom; there, probably, was Rameses.
Now all that's left is sand and shadows,

pristine, empty wastelands
that cannot grow old or young.

The sun is a shadow too, spotty and unscrubbed,
breathing fire over the white sand.

In the blank nothingness lie all the miracles:
Here was Rameses; there, probably, was Pithom.

(On board ship in Alexandria, September 1947)

פּיתום און רעמסס

דאָ געווען איז פּיתום, דאָרט מסתּמא רעמסס,
איצטער — זאַמד און שאָטן זייער הוילער תּמצית.

אומבאַשאַפן־הוילע, וויסטע וויסטעניַיען
קאָנען זיך ניט אַלטן, קאָנען זיך ניט ניַיען.

זון איז אויך אַ שאָטן, פלעקיק, ניט געשיַיערט,
איבער וויַיסע זאַמדן אָטעמדיק צעפּיַיערט.

אינעם בלאַנקן גאָרנישט ליגן אַלע נסים:
דאָ געווען איז רעמסס, דאָרט מסתּמא פּיתום.

אויף דער שיף אין אַלעקסאַנדריע, סעפּטעמבער 1947

Divine Blood

You see a dying man. Only his voice
draws nourishment from the illusionary clouds.
And the doctor murmurs next to him:
Unless, unless . . . we give him a transfusion,
put divine blood into his veins . . .

And it comes to pass that
the sick man's prayerful shadow goes into a trance
with its empty hands outstretched.
Blinding light fills the hospital—

The rest is not important now.

(Safed, 1948)

52

געטלעך בלוט

זעסט אַ מענטש אין גסיסה. נאָר זײַן שטים
פּאַשעט אויף די וואָלקנס אַן אילוזיע.
און דער דאָקטער מורמלט לעבן אים:
סײַדן, סײַדן... מאַכן אַ טראַנספוזיע,
געטלעך בלוט אַרײַנגעבן אין חולה.

און ס׳געשעט אַזוי: דעם קראַנקן מאַנס
תּפילהדיקער שאָטן קומט אין טראַנס,
אויסגעשטרעקטע זײַנע הענט און הוילע.
אין שפּיטאָל ווערט ליכטיק שבליכטיק.

ס׳ווײַטערדיקע איז אַצינד ניט וויכטיק.

צפת 1948

Fragment

O Lithuania, homeland of mine,
you are a snakebite in my heart.
Your dark forests are engraved in my memory.
Storks, like cabbalistic symbols, gild the shores
and there your fir trees rustle by the Vilya.
The corpse-burners are your fiery witnesses.

The corpse-burners—day and night in my bones
their swaying chains rattle
and cry out for redress.
My words are forged together with the clang of chains
into the coppery labyrinth of a dream
and no longer have the ring of truth,
to dream and to endure.
I am the reincarnation of the corpse-burners in Ponar.
My bread is baked with ashes,
every loaf of bread a face.
The sun is a memorial candle for them,
but no one knows it.
And as I wander in Jerusalem in the rain
I see in its diamond mirror
their souls, in the colors of wounds:
Living brother, avenge us!

And this is now my prayer to a sheet of paper:
Be cold and firm as rock;
make a miracle—
may my glowing syllables not burn you up
in their journey upon you.

(1950)

פראַגמענט

אַ ליטע, היימלאַנד מײַנס, דו ביסט אַ שלאַנגענביס אין האַרצן,
געוועלבט איז מײַן זכּרון איבער דײַנע שוואַרצע וועלדער,
בוטשאַנען, ווי קבלה־צייכנס, גאָלדיקן די ראַנדן
און דאָרטן רוישן דײַנע יאָדלעס לעבן דער ווילִיע.
די מתים־ברענער זענען דײַנע פײַערדיקע עדות.

די מתים־ברענער. ס׳קלינגען טאָג און נאַכט אין מײַן געביין
צעוויגטע קייטן זייערע און מאָנען: גיב אַ תּיקון.
צוזאַמען מיטן קייטנקלאַנג אויך זענען מײַנע ווערטער
צונויפגעשמידט אין קופּער־לאַבירינטן פון אַ חלום
און האָבן שוין קיין וואָר ניט מער — צו חלומען, געדײַען.
אַ גילגול בין איך פון די מתים־ברענער אויף פּאָנאַר.
געבאַקן איז מײַן ברויט פון אַש, אַיעדער ברויט — אַ פּנים.
די זון איז אַ הזכּרה־ליכט נאָך זיי און קיינער ווייס ניט.
און אַז איך וואָגל אין ירושלים בעת אַ רעגן
דערזע איך אין זײַן דימענט־שפּיגל זייערע נשמות
אין וווּנדקאָלירן: לעבעדיקער ברודער, גיב אַ תּיקון.

און ס׳איז אַצינד מײַן תּפילה צום פּאַפּיר: זײַ קאַלט און פעלדזיק,
באַוויַיז אַ וווּנדער, זאָלן מײַנע גליִענדיקע זילבן
בײַם וואַנדערן אויף דיר, דיך ניט פאַרברענען.

1950

Longed-for Fingers

Whose fingers have covered my eyes, whose,
to make chrysanthemums blossom with tears?
Let flesh be transformed into poetry,
which I hold to be the purest truth
if a truth is indeed truthful.

Yesterday I was blind, a mindless poet—
now I see myself through the lattice of your fingers.
I grow younger from the last day of summer, younger.
Your fingers are my gentlest masters.

Let them lead me through thorny joys.
Let them interpret the messages in my veins.
Only to your fingers do I wish to kneel, and to say:
Between them, a world is rescued for the two of us.

(1950)

אויסגעבענקטע פינגער

וועמעס פינגער האָבן מיר פאַרשטעלט די אויגן, וועמעס,
אַז צעבליִען זאָלן זיך אין טרערן כריזאַנטעמעס,
לײַב זאָל זיך פאַרוואַנדלען אין געזאַנג, וואָס איך פאַרנעם עס
ווי דעם ריינסטן אמת, אויב אַן אמת איז באמת.

נעבטן בין איך בלינד געווען, אַן אומזיניקער זינגער,
איצטער זע איך זיך אַליין דורך נעץ פון דײַנע פינגער,
ייִנגער ווער איך פונעם לעצטן טאָג אין זומער, ייִנגער:
דײַנע פינגער זענען מײַנע צערטלעכסטע באַצווינגער.

זאָלן זיי מיך פירן איבער דערנערדיקע פריידן,
זאָלן זיי די בריוו אין מײַנע אָדערן באַשיידן.
בלויז פאַר דײַנע פינגער וויל איך קניִען, וויל איך ריידן:
אָפּגעראַטעוועט איז צווישן זיי אַ וועלט פאַר ביידן.

1950

Tree of Life

Surfeited with countries,
as a slaughterhouse is with blood,
I wander back to the distant land
where the enemy holds no sway.
I wander back to the distant land
that once I planned in my dreams.

O land of Yiddish poems, my trembling one,
my mouth longs to taste your tree of life.
Even if your fruits should burn to bitterness,
to my last breath my mouth would yearn for them.

Without the tree, all is sad and hollow.
A new people I'll create from you:
Faces like suns and hands that are music.
I'll build a beacon, a haven,
such that God Himself will hear your music.
Surfeited with countries, I wander back.

(Curitiva, Brazil, 1953)

בוים פון לעבן

זאַט מיט לענדער, ווי מיט בלוט אַ בוינע,
וואַנדער איך צוריק צום וויַטן לאַנד
ווו סע האָט קיין שליטה ניט דער שׂונא.
וואַנדער איך צוריק צום וויַטן לאַנד,
וואָס מיַין חלום האָט אַ מאָל געפלאַנט.

אָ דו לאַנד פון יידיש ליד, מיַין ציטער,
צו דיַין בוים פון לעבן גלוסט דאָס מויל.
מעגן דיַינע פרות בריִען ביטער,
ביזן לעצטן אָטעם גלוסט דאָס מויל.
אָנעם בוים איז טרויעריק און הויל.

כ׳וועל פון דיר אַ נײַעם פּאָלק באַשאַפן :
פנימער פון זונען, הענט — מוזיק.
אויסבויען אַ שיַינטורעם, אַ האַפן,
גאָט אַליין זאָל הערן דיַין מוזיק.
זאַט מיט לענדער וואַנדער איך צוריק.

קוריטיווא, בראַזיל, 1953

Preordained Circle

When I flee from the white sheet of paper to myself,
as Jonah did to Tarsus, I see my face
engraved on the refracting Russian landscape.
When I run back, the reflection runs with me—
its face melds into mine
and demands: *Avenge me!*

When I run still farther so as not to hear its voice,
and I dissolve its face and words
with a few surviving tears,
once again
(such is my preordained circle)
after all the to and fro
I look back
to the white sheet of paper
and see my face engraved on the Russian landscape—
my face that demands: *Avenge me, avenge!*

(1954)

באַשערטער קרײַז

אַנטלויף איך צו זיך פֿון פּאַפּיר־בויגן ווײַסן
ווי יונה קיין תּרשיש, דערזע איך מײַן פּנים
גראַווירט אויף דער קראַיִקער לאַנדשאַפֿט פֿון רײַסן.
אַנטלויף איך צוריק, לויפֿן־מיט יענע בליקן,
פֿאַרהאַקט זיך דאָס פּנים בײַ מיר אויפֿן פּנים
און מאָנט: גיב אַ תּיקון.

אַנטלויף איך אַלץ ווײַטער, זײַן קול ניט צו הערן,
צעשמעלץ זײַנע בליקן,
צעשמעלץ זײַנע ווערטער
מיט עטלעכע לעבן־געבליבענע טרערן,
און ווידער —
(אַזאַ איז מײַן קרײַז מײַן באַשערטער)
נאָך אַלע פֿאַרויסן און אַלע צוריקן
איך קוק צו דעם ווײַסן
פּאַפּיר־בויגן ווידער:
מײַן פּנים גראַווירט אויף דער לאַנדשאַפֿט פֿון רײַסן,
מײַן פּנים וואָס מאָנט: גיב אַ תּיקון, אַ תּיקון.

1954

The Little Blue Horse

Your father still doesn't know, dear child,
whether God writes poems
and how many years old you were
long before you were born.
It's enough for him that he knows
that the little blue horse, your plaything,
freed from its reins, races in his veins,
overtakes Time and brings it back,
and whinnies out a magic spell
of rambling silver.

And if you're afraid, it's not his fault.
A hand belonging to no one now transforms
both of you into vanished images.
Your father is a fading old man in a cellar,
and you are the protector of his world,
with the little horse at the head of your bed.

The little blue horse, your plaything,
races in his veins
with a crimson gallop.

(1954)

דאָס בלאָע פערדעלע

דיַין טאַטע ווייס נאָך אַלץ ניט, קינדעניו, צי גאָט שריַיבט לידער
און וויפל יאָר דו ביסט געווען העט־איידער ביסט געבוירן.
געגנוג אים אַז ער ווייס: דאָס בלאָע פערדעלע, דיַין שפּילצייַג,
באַפּריַיט פון לייצעס, יאָגט אין זיַינע אָדערן,
דעריאָגט די ציַיט און ברענגט זי אים צוריק
און הירזשעט אויס אַ צוויבעריַי פון בלאַנדזשענדיקן זילבער.

און שרעקסטו זיך, איז ניט זיַין שולד. אַ קיינעמסדיקע האַנט
פאַרוואַנדלט איצטער ביידן אין פאַרשוווּנדענע געשטאַלטן.
דיַין טאַטע איז אַ זינקענדיקער זקן אין אַ קעלער
און דו — זיַין וועלט־באַשיצער מיטן פערדעלע צוקאָפּן.

דאָס בלאָע פערדעלע, דיַין שפּילצייַג, יאָגט אין זיַינע אָדערן
אין פורפלנע גאַלאָפּן.

1954

Yiddish Poet

A fine Yiddish poet
with a unique style
suddenly appeared to me
in the most godly incarnation.
I've already written my epitaph, thank God,
here, in fact, in Tel-Aviv.
And after a hundred years
I want them to carve it patiently
on my tombstone.
But a notary says to me:
No!
If you want to die peacefully,
not nervously,
you must play your Stradivarius
in Hebrew.

Help!
But I'll curse my life when I am dead!
A Jew will come from America
and he'll lay flowers
on someone else's grave;
to me he will not come.
Give me some advice—my head is splitting.

And I answered him clearly:
It's long past time for you to remember
that a Yiddish poet must not die.

(1958)

ייִדישער פּאָעט

אַ װוילער ייִדישער פּאָעט
וואָס האָט אַן אייגן פּנים,
יאַוועט זיך צו מיר
אין סאַמע געטלעכן באַשאַף:
איך האָב מיט מזל אָנגעשריבן שוין
מײַן עפּיטאַף,
טאַקע דאָ, אין תּל־אָביב,
און אַחרי מאה שנים
וויל איך מ'זאָל אים אויסקריצן
געדולדיק אויף מײַן שטיין.
זאָגט מיר אַ נאָטאַריוס:
ניין!
קוים ווילסטו שטאַרבן רויִק,
ניט נערוועיִש,
מוזסטו פידלען אויף דײַן סטראַדיוואַריוס
אויף העברעיִש.

געוואַלד, איך וועל דאָך טויטערהייט
פאַרשילטן זיך דאָס לעבן!
ס'וועט קומען פון אַמעריקע אַ ייִד,
וועט ער די בלומען
לייגן אויף אַן אַנדערן,
צו מיר וועט ער ניט קומען.
גיב אַן עצה, ס'שפּאַלט זיך מיר דער שאַרבן!

און איך האָב אים געענטפערט קלאָר:
שוין צײַט געדענקען, אַז עס טאָר
אַ ייִדישער פּאָעט ניט שטאַרבן.

1958

Mask

Take off
your checked city clothes;
put on
a shirt of leaves, the shirt of Adam.

Take off
a shelf of books of weighty memories;
put on
a song of the waves, a melody of grain.

Take off
your shoes, turn them back into a deer;
put on
rain, and listen to your body grow.

Take off
the mask and say: *Good morning, face;*
put on
the mask—such is life, it seems.

(1971)

מאַסקע

אויסטאָן
פון זיך די געקעסטלטע שטאָטישע בגדים;
אָנטאָן
אַ העמדל פון בלעטער, דאָס העמדל פון אָדם.

אויסטאָן
אַ פּאָליצע ביכער פון שווערן זכּרון;
אָנטאָן
אַ זמר פון כוואַליעס, אַ ניגון פון קאָרן.

אויסטאָן
די שיך, זיי פאַרוואַנדלען צוריק אין אַ ווידער.
אָנטאָן
אַ רעגן און הערן ווי ס'וואַקסן די גלידער.

אויסטאָן
די מאַסקע און זאָגן: גוט־מאָרגן דיר, פּנים.
אָנטאָן
די מאַסקע: אַזאַ איז דאָס לעבן אַ פּנים.

1971

Modern Magic

My grandmother, she with the kerchief, grew young,
became a girl of sixteen-and-a-half,
when my darling grandfather, like the shadow of a swallow,
passed away while sleeping sweetly.

The string of seventy beads around her neck
was too thin, too thin for that number.
Grandmother has come back as a goat,
a horned goat in heat, in the sighing valley.

But no one knows the old lady is disguised and masked.
God forbid! It's a secret!
And poet and painter bow to her,
both willing to drink of her grace.

Why, for instance, may the sun
flame up young and arrogant,
when it thinks its death-mask shines more brightly than the
    night
over orchards, barns, and fields of corn?

Praise be the sun that never sets!
Its caress will remain a soothing salve.
But she with the kerchief will remain a riddle
of sixteen-and-a-half.

I still remember when she was a simple, chaste girl,
and really young in those days.
If King Saul still lived,
she would hang in disarray by her tongue.[1]

(1972)

---

1. Punishment for a prostitute in Biblical times.

68

מאָדערנער כּישוף

די באָבע מיטן טשיפּיק איז געוואָרן יונג: אַ מיידעלע
פֿון זעכצן און אַ האַלב,
ווען ס'האָט זיך אָפּגעטראָגן אין אַ זיסן שלאָף דער זיידעלע —
אַ שאָטן פֿון אַ שוואַלב.

געוועזן צו דין אַרום איר האַלדז דער שנור מיט קרעלן זיבעציק,
צו דין פֿאַר זייער צאָל.
די באָבע איז צוריק אַ ציג, אַ הערנערדיקע ליבע־ציג
אין זיפּצנדיקן טאָל.

אַ קיינער ווייס ניט אַז די זקנה איז פֿאַרשטעלט און מאַסקעדיק,
חלילה, ס'איז אַ סוד.
און ס'בוקן זיך פֿאַר איר פּאָעט און מאָלער: ביידע מסכּימדיק
צו טרינקען פֿון איר גנאָד.

הלמאַי אַ שטייגער מעג זיך יונג און חוצפּהדיק צעפֿײַערן
די זון, ווען ס'האָט געדאַכט:
איר טויטן־מאַסקע איבער סעדער, זאַנגענפֿעלדער, שײַערן,
איז העלער פֿון דער נאַכט?

אַ לויב דער זון וואָס גייט ניט אונטער! בלײַבן וועט איר גלעטעניש
אַ זינגענדיקע זאַלב.
נאָר יענע מיטן טשיפּיק וועט פֿאַרבלײַבן שוין אַ רעטעניש
פֿון זעכצן און אַ האַלב.

כ'געדענק נאָך ווען זי איז געווען אַ צניעותדיקע, פּשוטע,
און דעמאָלט — אמת יונג.
ווען ס'וואָלט געלעבט דער מלך שאָול וואָלט זי אַ צעפּלאַשעטע
געהאַנגען אויף איר צונג.

1972

A Neighbor's Expression

A neighbor's expression remains with me willy-nilly,
like the echo of a weeping sea in my ear:
If God had seen what happened in the concentration camps,
His hair would surely have turned upside down.

Away with you in your restlessness,
metaphors and symbols!
Your Creator has yet to frame
such a metaphor.

Someone deliberately wants me to think
that He did see . . .

He saw two gates:
The gate through which He drove Adam out of Eden,
dressed in leaves,
and also the gate through which Cain later drove Adam
and clothed him in barbed wire.
He saw them both,
and the Creator's hair did turn upside down.

Time, in its duration,
turned upside down for Him;

the Tree of Life, grieving,
turned upside down;

אויסדרוק פון אַ שכן

ס׳באַגלייט מיך קידער־ווידערדיק אַן אויסדרוק פון אַ שכן
מיט ווידערקול פון ים־געוויין אין מושל פון מײַן אויער:
„וואָלט גאָט געזען וואָס איז געשען אין לאַגער —
וואָלטן זיך אַוודאי זײַנע האָר געשטעלט קאַפּויער״.

אַוועק אין אײַער אומרו, מעטאַפֿאָרן און סימבאָלן,
אײַער שאַפֿער
האָט אַזאַ מעטאַפֿאָר
ניט געמאָלן.

עמעץ וויל אומישנע איך זאָל קלערן:
ער האָט געזען...

ער האָט געזען צוויי טויערן: דעם טויער
דורך וואַנען ער האָט אָדמען פֿאַרטריבן פון גן־עדן
אָנגעטאָן אין בלעטער,
און אויך דעם טויער וואָס דורך אים האָט שפּעטער
פֿאַרטריבן קין אָדמען און אים געטאָן באַקליידן
מיט שטעכלדראָט; ער האָט געזען זיי ביידן
און ס׳האָבן בײַם באַשעפֿער זיך געשטעלט די האָר קאַפּויער:

די צײַט אין איר געדויער
האָט זיך אים געשטעלט קאַפּויער;

דער עץ־החיים האָט אין טרויער
זיך געשטעלט קאַפּויער;

and also Man, His image
and part of His great mystery—
upside down.

But a rainbow has re-emerged,
and in the water
being upside down no longer frightens it.

(1971)

און אויך דאָס מענטשנקינד, זײַן דמות
און חלק פֿון זײַן זוהר —
קאַפּויער.

נאָר ווידער איז אַרויס אַ רעגן־בויגן
און אין וואַסער
האָט ניט מער געשראָקן זײַן קאַפּויער.

1971

Sea Breeze

I shall be for you
a sea breeze that one cannot see,
and you will breathe me in and see the sea.
I shall be a sail that no one sees,
and you will breathe me in and see a sail upon the sea—
there is my home.
And you will come to live upon the sea,
in me, in me,
in the boat that none can see.
And you will breathe me in and see the sea.
Two waves will merge into one
and seek the precious treasures
on the bottom of the sea.
And where will Time be?
It will disappear, in time, together with us,
At the bottom of the sea.

(1972)

ים־לופט

כ׳וועל זײַן פֿאַר דיר אַ ים־לופט וואָס מע זעט ניט
און וועסט מיך אָטעמען און זען דעם ים.
אַ זעגל וועל איך זײַן וואָס קיינער זעט ניט
און וועסט מיך אָטעמען און אויפֿן ים
דערזען אַ זעגל: דאָרטן איז מײַן וווינונג.
און דו וועסט קומען וווינען אויפֿן ים
אין מיר. אין מיר. אין שיפֿל וואָס מע זעט ניט,
און וועסט מיך אָטעמען און זען דעם ים.
צוויי כוואַליעס וועלן ווערן איינס און זוכן
די איידל־אוצרות אויפֿן דעק פֿון ים.
און ווּ וועט זײַן די צײַט? זי וועט בײַ צײַטנס נעלם ווערן
מיט אונדז אין איינעם אויפֿן גרונט פֿון ים.

1972

Yiddish Words

Where stars grazed in the meadow like little goats,
where children studied and played in the Bible's glow,
where Yiddish words hatched in sunbeams,
now the light is a ruin where jackals bay.

Sunken ships in the ocean can leave some sign behind
so someone can swim between sharks' fins
to their treasures and bring up his beloved,
but the Yiddish words have sunk without a trace.

There is a time or non-time of resurrection,
and there I see the sunken Yiddish words
bestir themselves like little children wearing prayer shawls,
and the sunshine grows suddenly brighter with their sparks.

(1972)

ייִדישע ווערטער

ווו שטערן ווי ציגעלער האָבן אין פעלד זיך געפּאַשעט,
ווו חומשדיק האָבן די קינדער געראווישט און גערש״יט,
ווו אויסגעפּיקט האָבן זיך ייִדישע ווערטער און שטראַלן,
אַצינד איז דאָס ליכט אַ רויִנע ווו ס׳וווינען שאַקאַלן.

פּאַרזונקענע שיפן אין ים קאָנען לאָזן אַ סימן,
אַז עמעצער זאָל צווישן הײַפישן־מעסערס דערשווימען
צו זייערע אוצרות און ברענגען פון דעם — זײַן באַשערטער,
נאָר ס׳זענען פּאַרזונקען אָן סימן די ייִדישע ווערטער.

פּאַראַן אַזאַ צײַט אָדער אומצײַט פון תּחית־המתים
און דאָרטן דערזע איך: ווי קינדערלעך אונטער טליתים
באַוועגן זיך ייִדישע ווערטער וואָס זענען פּאַרזונקען
און ליכטיק ווערט פּלוצעם די זונשײַן פון זייערע פונקען.

1972

ראַנדעװוּ מיט אַ כװאַליע

Rendezvous with a Wave

Recognition

Now I thank and praise the scorpion
for giving pain to a drunkard
before poppies catch fire
and the mists bloom like flowers.

In its sting to the very foundation,
in the poison from the stinger,
in both of these is hidden the eternal secret
that pain alone can solve.

For first there was the scorpion,
which sought a name for life.
Before poppies catch fire,
he is lord of creation.

(1978)

דערקענטעניש

איצטער דאַנק איך און לויב דעם סקאָרפּיאָן
פאַרן שענקען אַ שיכּורן ווייטיק.
איידער מאָנבלומען צינדן זיך אָן
און די נעפּלען צעבליִען זיך קווייטיק.

אינעם שטאָך ביזן סאַמע יסוד,
אינעם סם פון דער נאָדל, איןביידן
איז פאַרהוילן דער אייביקער סוד
וואָס דער ווייטיק אַליין קען באַשיידן,

אַז צו ערשט איז געווען דער סקאָרפּיאָן
און געזוכט פאַרן לעבן אַ נאָמען.
איידער מאָנבלומען צינדן זיך אָן
איז ער האַר איבער אַלע אַטאָמען.

1978

Laughter Beneath the Forest

I know a forest, an insane asylum for trees—
they're locked up in the forest and the guard has the keys.
They tear the birds from their heads, rustle in the silence,
and drink the wine of the storm's lightning.

Through their malachite-green corridors,
the days stroll one by one in long white coats
and leave through the same green corridors,
with boiling spots on their whiteness.

Every tree is a dungeon within a dungeon;
only the roots stream with mossy laughter beneath the forest.
They grope and search, coming upon bones and skulls
and drilling into them the insanity of life.

(1978)

אונטערוואַלדיש געלעכטער

באַקאַנט איז מיר אַ וואַלד: אַ משוגעים־הויז פאַר ביימער,
פאַרשלאָסן זענען זיי אין וואַלד. ביים וועכטער איז דער שליסל.
זיי רײַסן זיך פון קאָפּ די פייגל, רווישן צו דער שטילקייט
און בעת אַ שטורעם טרינקען זיי דעם ווײַן פון זײַנע בליצן.

דורך זייערע ווי ערב־קופּער גרינע קאָרידאָרן
שפּאַצירן דאָ די טעג. זיי קומען איינציקווײַז אין ווײַסע
כאַלאַטן. דורך די זעלביקע, די גרינע קאָרידאָרן
אַנטרינען זיי מיט זידנדיקע פלעקן אויף דער ווײַסקייט.

ס'איז יעדער בוים אַ תּפיסה אין אַ תּפיסה. נאָר די וואָרצלען
צעשטראָמען זיך מיט מאָכיק אונטערוואַלדישן געלעכטער.
זיי נישטערן און זוכן און דערטאַפּן ביינער, שאַרבנס,
אַרײַנצובויערן אין זיי: דאָס משוגעת פון לעבן.

1978

A Time for Dreams

My sister would have been older than I by now,
but she is thirteen years old and grows no older.

She has divided her time among those who have no time,
and given the rest of her bounty

to the carrier pigeons in the old attic—
her time for dreams she's left mostly for me.

And if we were to meet somewhere,
I'd recognize her right away there.

Even in snow or fog
I'd know the blue ribbons of her braids.

But she'd shake from her eyelashes
the mistaken, imaginary evidence.

I'd like to know whether she still diligently keeps
a diary in which day is simultaneous with night.

If so, will my sister let me, for just a moment,
leaf through a few pages?

My sister would have been older than I by now,
but she is thirteen years old and grows no older.

I drink her time for dreams and become joyful,
but she is thirteen years old and grows no older.

(1978)

חלום־צײַט

מײַן שוועסטער וואָלט פֿון מיר געווען שוין עלטער,
נאָר זי איז דרײַצן יאָר און ווערט ניט עלטער.

צעטיילט האָט זי איר צײַט פֿאַר די וואָס האָבן
קיין צײַט ניט, און דעם רעשט פֿון אירע גאָבן —

די רינגלטויבן אויפֿן אַלטן בוידעם.
איר חלום־צײַט — פֿאַר מיר געלאָזן קודם.

און וואָלטן מיר זיך ביידע ווו באַגעגנט,
איך וואָלט זי גלײַך דערקענט אין יענער געגנט.

אַפֿילו דורך אַ שנייי צי דורך אַ נעפּל,
דערקענט איר בלויע לענטע פֿונעם צעפּל.

נאָר זי וואָלט אָפּגעטרייסלט פֿון איר ווי׳ע
די טעותדיקע, אויסגעדאַכטע ראיה.

כ׳וואָלט וועלן וויסן צי זי שרײַבט נאָך פֿלײַסיק
אַ טאָגבוך ווו דער טאָג איז נאַכט בעת־מעשׂה׳יק.

אויב יאָ, צי וועט מײַן שוועסטער מיר דערלויבן
אַ רגע בלויז אַ בלעטל טאָן פֿון אויבן — —

די שוועסטער וואָלט פֿון מיר געווען שוין עלטער,
נאָר זי איז דרײַצן יאָר און ווערט ניט עלטער.

איך טרינק איר חלום־צײַט אָן אויפֿגעהעלטער,
נאָר זי איז דרײַצן יאָר און ווערט ניט עלטער.

1978

A Home In My Veins

Is it a human hand or a demon's
that claps me on the shoulder?
Whose rushing will grabs me,
forcing a rainbow to become melancholy?
A third ear opens up to learn:

A melody is pounding.

O melody, resounding, wounded—
wash your wounds in my veins,
warm your trembling in them
and make yourself a place to rest.
I shall protect you, orphan,
from the dogs and bandits.

(1978)

אָדערן־היים

קלאַפּט אַ מענטשנהאַנט אין אַקסל אָדער ס׳איז אַ דעמאָן ?
ווען מעס אײַלנדיקער ווילן מיך דערלאַנגט אַ נעם און
צווינגענדיק אַ רעגן־בויגן מרה־שחורה
ווערן ?
עפנט זיך אַ דריטער אויער צו געוווירע
ווערן :

ס׳קלאַפּט אַ ניגון.

אוי דו ניגון, קלאַנגענווײַז, צעשונדן,
זאָלסט אין אָדערן אין מײַנע וואַשן דײַנע ווונדן,
וואַרעמען אין זיי דײַן ציטער, שפּרייטן אַ געלעגער,
אָפּהיטן איך וועל דיך, יתום, פון די הינט און שלעגער.

1978

She Alone

Rendezvous with a wave.
Just before sunset her naked sparks fly to the shore.
I recognize her, the same wave-beloved as before.
She blazes up.
Just like the sun, the wave cannot drown;
the storm hasn't the strength to overtake her.
She alone, in all the ocean, does not drown.
Her naked sparks draw nearer and nearer to the shore,
and only in my whirlpool does she drown till tomorrow.

(1978)

די איינציקע

ראַנדעוווּ מיט אַ כוואַליע.
ערב זונפאַרגאַנג ציִען צום ברעג אירע נאַקעטע פונקען.
איך דערקען זי: די זעלביקע כוואַליע־געליבטע וואָס ד ע מ ל ט.
זי פלעמלט.
בײַנאַנד מיט דער זון קען די כוואַליע ניט ווערן דערטרונקען.
דעריאָגן זי האָט ניט קיין כּוח דער שטורעם.
אין גאַנצענעם ים, זי די איינציקע ווערט ניט דערטרונקען.
אַלץ נעענטער ציִען צום ברעג אירע נאַקעטע פונקען
און בלויז אין מײַן קעסלגרוב ווערט זי ביז מאָרגן דערטרונקען.

1978

Poem About A Straw

I name you rainbow,
rainbow.

Now I know:
If your life has remained alive,
you too know that I, the dead one, am to blame.

Let's remember: Those on the shore
merely blew the sandy trumpets—
no one rushed to place a single foot
upon the battlefield of the waves,
no one near the sea.

Sweet-teeth of seals and dolphins
have already slaked their hunger.
Long-drowned sailors have already lured them below,
amid the glowing ribs of a ship.

Praise and thanks to that good spirit
that tore me away then from the shore,
from the sandy trumpets,
so I could swim on the battlefield of the waves,
so you could grasp me like a straw.

ליד וועגן אַ שטרוי

רעגן־בויגן גיב איך דיר אַ נאָמען,
רעגן־בויגן.

איצטער ווייס איך:
אויב דײַן לעבן איז געבליבן לעבן,
ווייסטו אויך, אַז איך, דער טויטער, בין דערינען שולדיק.

לאָמיר זיך דערמאָנען: די פאַרשוינען אויפן ברעג,
האָבן בלויז געבלאָזן אין די זאַמדיקע טרומייטן.
קיינער האָט זיך ניט געאײַלט אַ פּיאָטע אײַנצושטעלן
אויפן שלאַכטפעלד פון די כוואַליעס,
קיינער ניט בײַם ים.

זיסע ציין פון ים־הינט און דעלפינען
האָבן שוין געשליפן זייער הונגער.
לאַנג דערטרונקענע מאַטראָסן האָבן שוין געמאַניעט
אונטן, צווישן גליִענדיקע ריפן פון אַ שיף.

לויב און דאַנקזאָג יענעם גוטן גײַסט, וואָס האָט מיך דעמאָלט
אָפּגעריסן פונעם ברעג, פון זאַמדיקע טרומייטן,
אַז דערשווימען זאָל איך אויפן שלאַכטפעלד פון די כוואַליעס,
אַז דו זאָלסט זיך אָנכאַפּן אָן מיר ווי אָן אַ שטרוי.

A miracle: It was the straw that rescued you.
Our colors merged.
Now I know:
If your life has remained alive,
you too know that I, the dead one, am to blame,

I name you rainbow,
rainbow.

(1978)

װוּנדער: ס'איז דער שטרוי געװען דײַן ראַטעװער.
אונדזערע קאָלירן האָבן זיך צונױפֿגעבױרן.
איצטער װײס איך:
אױב דײַן לעבן איז געבליבן לעבן,
װײסטו אױך, אַז איך, דער טױטער, בין דערינען שולדיק.

רעגן־בױגן גיב איך דיר אַ נאָמען,
רעגן־בױגן.

1978

Kissed-Together Wounds

Who's to blame? I, the yearner,
force you to yearn.
Yearning is a rainbow 'twixt you and me.
The stuff of my heart has gone soft after the first rain.

Yearning is a knife that cuts in two
every bit of joy,
and is like salt
on the sweetness of kissed-together wounds.

Who's to blame? I, the living one,
force you to live.
No one knows how only I, the living one,
force you to live.

A seagull sprays sparks from the whetstone of the sea.
Your muscles give me a sign.
A wave draws near the shore with your naked shoulder,
and a pebble, surfeited with sun, reveals your hunger to me.

(1979)

94

צונויפגעקושטע ווינדן

ווער איז שולדיק? איך, דער בענקענדיקער,
צווינג דיך בענקען.
בענקשאַפט איז אַ רעגן־בויגן צווישן איך און דו:
ווייך געוואָרן איז די ערד פון האַרץ נאָך ערשטן רעגן.

בענקשאַפט איז אַ מעסער וואָס צעשניידט אויף צוויי חלקים
יעדער פּיצל פרייד, און איז ווי זאַלץ
איבער דער מתיקות פון צונויפגעקושטע
ווינדן.

ווער איז שולדיק? איך, דער לעבעדיקער,
צווינג דיך לעבן.
קיינער ווייס ניט ווי אַזוי, נאָר איך, דער לעבעדיקער,
צווינג דיך לעבן:

אויפן שלייפשטיין פונעם ים אַ מעווע שפּריצט מיט פונקען —
דיינע מוסקלען גיבן מיר אַ צייכן.
ס'נענטערט זיך צום ברעג אַ כוואַליע מיט דיין הוילן אַקסל
און אַ שטיינדל, זאַט מיט זון, אַנטפּלעקט פאַר מיר דיין הונגער.

1979

Hymn to the Angels

There are angels.
I've seen an angel cherry-tree,
and an angel lightning-bolt,
which gave me a lightning-pen
to shine graciously in my room.

There is an angel-snake,
an angel-stag, an angel-donkey.
Angels also inhabit dreams,
where a locked-up treasure glitters.
When its guardian sounds the alarm,
the angels jump out of windows like thieves.
It happens that they leave behind, inside,
a hammer, pliers.
Blessings on the awakened one who finds them
and can make use of the dream-tools.

I've seen an angel-cat
warming itself in the garden, on the grass,
with superhuman joy—
so faultless and delicate
that Raphael would have been filled with envy while painting
it.

There are angels.
They're not like any human.

(1978)

הימען צו די מלאכים

פֿאַראַן מלאכים. יאָ, איך האָב געזען
אַ מלאך־קאַרשנבוים, אַ מלאך־בליץ:
אַ בליצן־פֿעדער האָט ער מיר געשאָנקען
לויכטן זאָל זי לײַטזעליק אין מײַנע דלת אַמות.

פֿאַראַן אַ מלאך־שלאַנג, אַ מלאך־הירש, אַ מלאך־אייזל.
מלאכים זענען אויך פֿאַראַן אין חלום ווי פֿאַרשלאָסן
מיניעט זיך אַן אוצר. ווען זײַן היטער מאַכט אַ גוואַלד —
שפּרינגען די מלאכים דורכן פֿענצטער ווי גנבים.
ס'טרעפֿט: זיי לאָזן איבער אינעווייניק
אַ האַמער, אַן אָפּצווענגע.
ווײַל צום אויפֿגעוואַכטן וואָס געפֿינט זיי
און קאָן זיך מיטן טרוימגעצײַג באַנוצן.

אַ מלאך־קאַץ האָב איך געזען זיך וואַרעמען
אין גאָרטן אויפֿן גראָז, מיט איבערמענטשלעכער הנאה
און שלמותדיק אַזוי און דעליקאַט
אַז ראַפֿאַעל וואָלט פֿול געווען מיט קינאה בעתן מאָלן.

פֿאַראַן מלאכים. צו קיין מענטשן זענען זיי ניט ענלעך.

1978

The Syllables of the Rainbow

Comrades, as life is dear to us,
let us take an oath:
We will no longer mention
the word whose meaning no one knows.
I mean the little word
whose central "eat"
is prisoned between "d" and "h"—
Death.

A false sound.
A bastard bird.
Devil's language and lies squared.

Comrades, as life is dear to us,
Death is not monosyllabic.
All the syllables of the rainbow are alive
and play at its center.
Till the strongest of us
cracks the nut with his body's teeth,
let's not mention it.

(1978)

די זילבן פון רעגן־בויגן

חברים, ווי דאָס לעבן איז אונדז ליב,
לאָמיר געבן זיך אַ וואָרט, אַ שבועה:
דערמאָנען וועלן מיר ניט מער
דאָס וואָרט וואָס קיינער ווייס ניט
זײַן אינהאַלט און זײַן זינען:
כ׳מיין דאָס ווערטל
מיטן לעצטן אוי געפאַנגען
צווישן ט און ט.
צוזאַמען — טויט.

אַ פאַלשער קלאַנג.
אַ פויגל־ממזר.
טײַוולצונג און שקר אין קוואַדראַט.

חברים, ווי דאָס לעבן איז אונדז ליב,
דער טויט איז ניט איינזילביק.
אַלע זילבן
פונעם רעגן־בויגן ל ע ב ן
שפּילן אין זײַן יאָדער.
און ביז דער שטאַרקסטער צווישן אונדז
מיט זײַנע לייבנציין
וועט ניט אויפהאַקן דעם נוס —
לאָמיר אים פאַרשווײַגן.

1978

Bricks of Sound

I received a letter from a distant drop of blood,
from a smile in a broken mirror.

I received a note with letters of grass
from beauteous Cleopatra.

I received a letter from an unborn and a born child,
both of whom wanted to exchange places.

I answered each one, according to its source.

I've received a letter from myself.
Where shall I send the answer so it won't go astray?
I've long since moved away from my past,
and the present that I'm building now
from bricks of sound and atoms of paper
doesn't have a real address yet.

(1978)

קלאַנגען־ציגל

אַ בריוו האָב איך דערהאַלטן פון אַ ווײַטן טראָפּן בלוט,
פון אַ שמייכל אין אַ צעשפּאָלטענעם שפּיגל.

אַ בריוו האָב איך דערהאַלטן מיט גראָזן־אותיות
פון דער שיינער קלעאָפּאַטרע; אַ בריוו האָב איך דערהאַלטן

פון אַ ניט־געבוירענעם און יאָ־געבוירענעם
וואָס ביידע ווילן זיך בײַטן מיטן גורל.

איך האָב איטלעכן געענטפערט וועדליק זײַן אַדרעס.

אַ בריוו האָב איך דערהאַלטן פון זיך אַליין:
ווּהין זאָל איך שרײַבן, אַז דער בריוו זאָל ניט בלאָנדזשען?
כ׳האָב שוין לאַנג זיך אַרויסגעקליבן פון מײַן אַלטער צײַט,
און די נײַע וואָס איך האַלט אין בויען
פון קלאַנגען־ציגל און פּאַפּיר־אָטאָמען,
פאַרמאָגט נאָך ניט קיין וואָרן אַדרעס.

1978

Time or Non-Time of Resurrection

Thunderclaps roll beneath the ground,
unseen giant pearls.
Thunderclaps roll
and lightning-bolts light the way in the ground
for the giant thunder-pearls.
I hear clearly in the storm
how thunderclaps roll and tumble
to my doorstep.

Roots of olive trees
bite with radiantly white teeth
on underground bars.

Now is the time or non-time
of resurrection.

Soon there will rise from the earth
my eternal enemies.
They will come riding
on their coppery elephants
and aim their poisoned arrows
this way,
at the little reflections
in my eyes.

(1978)

צײַט אָדער אומצײַט פון תּחית־המתים

דונערן קײַקלען זיך אונטער דער ערד,
אומגעזעענע ריזיקע פּערל.
דונערן קײַקלען זיך,
בליצן באַלויכטן דעם וועג אין דער ערד
פאַר די ריזיקע דונערן־פּערל.
איך הער אינעם שטורעם באַשײַמפּערלעך:
דונערן קײַקלען און קוילערן זיך
צו מײַן שוועל.

וואָרצלען פון איילבערטן־ביימער צעבײַסן
מיט שטראַל־ווײַסע ציין
אונטערערדישע קראַטעס.

אַצינד איז די צײַט אָדער אומצײַט
פון תּחית־המתים.

באַלד וועלן אויפשטיין פון דר׳ערד
מײַנע אייביקע שׂונאים,
קומען צו רײַטן אויף זייערע
קופּערנע העלפאַנדן,
צילן די פֿײַלן פאַרסמטע
אַהין:
אין מענטשעלעך ביידע
פון מײַנע שוואַרצאַפּלען.

1978

A Piece of Earth, A Piece of Heaven

No way
can I understand how a man can buy and sell
a piece of earth, an acre or a dunam—
young earth, not yet weaned, still suckling
sun-fresh milk from our sun,
our wet-nurse.

I do not wish to be a judge in a toga,
but, as I see it,
no one, whether strong or weak,
may deal in treasures
that belong to the Creator himself.

If hearing men are deaf to earth,
as deaf men are to music,
then, dearest brother, it is a further mercy
that no one buys or sells, like a piece of earth,
a piece of heaven or a piece of dreams,
an acre of time or a dunam of rainbow,
on the waves of the angry flood.

(1978)

אַ שטיקל ערד, אַ שטיקל הימל

בשום־אופן
קאָן איך ניט פאַרשטיין ווי מענטשן קויפן און פאַרקויפן
אַ שטיקל ערד, אַן אַקער צי אַ דונאַם.
יונגע ניט־אַנטוויינטע ערד, וואָס האַלט נאָך אַלץ אין זייגן
זוניק־פרישע מילך פון אונדזער זון,
פון אונדזער זון־אַם.

איך וויל ניט זײַן אַ שופט אין אַ טאָגע,
נאָר ווערליק מײַן השׂגה
טאָר קיינער ניט, אַ שטאַרקער צי אַ שלאַפער,
האַנדלען מיט אַן אוצר וואָס געהערט גאָר צום באַשאַפער.

אויבע
(ניט אויב נאָר אויבע פלעגט מײַן מאַמע זאָגן),
אויבע הערעוודיקע זענען טויבע
צו ערד, ווי טויבע זענען צו מוזיק,
יעמאָלט, ברודער־לעב, איז נאָך אַ חסד
אַז מע קויפט ניט, מע פאַרקויפט ניט ווי אַ שטיקל ערד,
אַ שטיקל הימל און אַ שטיקל חלום,
אַן אַקער צײַט, אַ דונאַם רעגן־בויגן
בײַם צאָרנדיקן מבול אויפן קאַרק.

1978

A Bunch of Grapes

A
When I was in love,
I drank of grasses.

When I was thirty,
I drank of tears.

Now I drink of desert,
and I am still thirsty.

B
You see a bunch of grapes in the desert,
a bunch of grapes with your drunken gaze,

and you must run,
run for miles,
so you can return
to yesterday.

C
It's raining sun.
It's raining sun at night with shining water
upon our tortured,
chewed-up bodies.

ווײַנטרויבן־הענגל

א

פֿאַרליבטערהייט
געטרונקען זיך אין גראָזן.

צו דרײַסיק יאָר
געטרונקען זיך אין טרערן.

איצטער טרינק איך זיך אין מידבר
און בין אַלץ נאָך דאָרשטיק.

ב

אַ ווײַנטרויבן־הענגל דערזעסטו אין מידבר,
אַ ווײַנטרויבן־הענגל מיט שיכּורן בליק.

מוזסטו זיך אײַלן,
אײַלן זיך מײַלן,
זאָלסט קומען צום נעכטיקן טאָג
אויף צוריק.

ג

עס רעגנט זון.
עס רעגנט זון בײַ נאַכט מיט שטראַליק וואַסער
אויף אונדזערע פֿאַרפֿײַניקטע
און אויסגענאָגטע לײַבער.

D
Let me say:
A one with as many zeros
as there are stars above and starfish below in the sea—
according to my calculation
(and it took me a lifetime to figure it out),
that number is smaller
than the one made from the two of us.

E
You're too close for me to be able to draw away from you
unless I divest myself of my gauzy dreams,
unless I draw away from my very self
to the final abyss.

Wise men say
that not only the earth is watery, rocky, and round
like a tear.
Nevertheless, I shall come up to the gray-haired mirror
and hit it incessantly
with the bony hammer of my skull
till a thin, silent voice sounds
from the emptiness behind the mirror:
You are too close for me to be able to draw away from you.

(1978)

ד

לאָמיר זאָגן:
אַז איינס מיט אַזוי פיל נולן
וויפל שטערן אויבן און שטערנפיש אונטן
אין ים —
איז ווערליק מײַן חשבון די צאָל ווינציקער
(ס'האָט געדויערט אַ לעבן־לאַנג צו באַשיידן)
ווי דער איינס פון אונדזביידן.

ה

צו נאָענט ביסטו איך זאָל קאָנען פון דיר זיך דערווײַטערן.
סײַדן זיך אויסטאָן פון לײַוונטענעם חלום,
סײַדן זיך דערווײַטערן פון זיך אַליין
ביזן לעצטן אָפּגרונט.

זאָגן חכמים:
ניט בלויז די ערד איז ימיק, פּעלדזיק און קײַלעכיק
ווי אַ טרער.
וועל איך סײַ ווי קומען צום גרויהאָריקן שפּיגל
און זעצן אין אים אַזוי אומאייביק לאַנג
מיטן ביינערנעם האַמער פון שאַרבן,
ביז אַ קול־דממה־דקה וועט אויפגיין
אין דער פּוסטקייט פון הינטערן שפּיגל:

צו נאָענט ביסטו איך זאָל קאָנען פון דיר זיך דערווײַטערן.

1978

The Watch-Hands of Weeping

Instead of a watch,
I wrap Time around my left wrist
and see and hear the turning
of the watch-hands of weeping,
the weeping of its mystery.

To enter it
and stop its progress
is something only a dead man knows how to do.

(1978)

די ווײַזערס פון געוויין

אַנשטאָט אַ זייגער
פּאַרקייטל איך די צײַט אויף לינקער האַנט
און זע און הער ווי ס׳דרייען זיך
די ווײַזערס פון געוויין,
ס׳געוויין פון איר מיסטעריע.

אַרײַנגיין אינעווייניק,
אָפּשטעלן איר גיין,
בלויז אַ טויטער איז דערצו אַ בריה.

1978

Snow-Mist

I saw myself a drowned man
on an island of talking stones.
A wave had flung me out
with a delicate arm.

Brother stones, how have I come here
to the island of stones,
when just a moment ago
I went to sleep in my own home?

My question remains unheard by the brother stones,
or else they hear and turn away.
The sun, a sculptor with hammer and chisel,
hammers out silence from their voices.

I dart between the brother stones
and hurriedly fling myself, mouth to mouth, upon the drowned
     man,
and blow a snow-mist into him,
the snow-mist of a child and childhood.

One by one the brother stones wink out.
I come alive.
I myself gallop through my veins,
radiant.

But I myself am no longer here.

(1978)

שנייען־ריח

איך האָב זיך דערזען אַ דערטערונקענעם
אויף אַן אינדזל פון ריידנדיקע שטיינער.
אַ כוואַליע מיט אַ צאַרטן אָרעם
האָט מיך אַרויסגעשליידערט.

ברידער־שטיינער, ווי קום איך אַהער
אויפֿן שטיינער־אינדזל, אַז אַ ווילדע פֿרוּער
געלייגט זיך שלאָפֿן אין דער אייגענער היים?

ס׳דערהערן ניט מײַן שאלה די ברידער־שטיינער,
אָדער זיי דערהערן און דרייען אויס די שאַרבנס.
און די זון — אַ סקולפּטאָר מיט האַמער און דלאָט —
האַמערט אויס אַ שווײַגן פֿון זייערע קולות.

איך דערלאַנג זיך אַ ריס דורך די ברידער־שטיינער,
האַסטיק פֿאַל צו מויל־צו־מויל צום דערטרונקענעם
און בלאָז אין אים אַרײַן אַ שנייען־ריח,
אַ שנייען־ריח פֿון קינד און קינדהייט.

ס׳לעשן זיך אײַנציקווײַז די ברידער־שטיינער.
איך ווער לעבעדיק.
איך אַליין גאַלאָפּיר דורך מײַנע אָדערן אַ שטראַליקער.

נאָר איך אַליין בין מער ניטאָ.

1978

Winedrops

A
A string of birds looks in the sun
for scattered kernels of sound,
so they can sing silence
to someone dozing on the grass.

B
Fewer words,
fewer, fewer drops—
a little while and the goblet will be drained,
together with the wine.

(1978)

ווײַנטראַפּנס

א

אַ שנירל פֿייגל זוכט אין זון צעשײַטע קלאַנגען־קערנער
צו קענען זינגען שטילקייט צו אַ ררעמלער אויפֿן גראָז.

ב

ווינציקער ווערטער.
ווינציקער, ווינציקער טראָפּנס:
באַלד און דער בעכער וועט אויסגיין
בײַנאַנד מיטן ווײַן.

1978

Blue-eyed Miracle

There's nothing in the temple but a memorial candle.
Its wick, a black hand, dips into a whirlpool.
A small halo glows red around the candle,
but its glory is soon extinguished
and even the pillars of the temple turn into cobwebs.

Now begins a miracle:
From the wick, the very same blue-eyed man
for whom I lit the memorial candle
grows back.
He tells me, in a confidential whisper,
where he disappeared to for a whole year.

(1978)

בלויאויגיקער ווּנדער

ניטאָ אין היכל גאָרנישט חוץ אַ יאָרצײַטליכט. איר קנויט:
אַ האַנט אַ שוואַרצע טרינקט זיך אין אַ קעסלגרוב. און רויט
אַ זונעלע אַרום דער ליכט. נאָר ס'לעשט זיך באַלד איר שכינה
און אויף די זײַלן פונעם היכל ווערן פּאַוועטינע.

אַצינד הייבט אָן צו ווּנדערן אַ ווּנדער: פונעם קנויט
בלויאויגיק וואַקסט אַרויס צוריק דער זעלבער, וואָס געצונדן
איך האָב פאַר אים די יאָרצײַטליכט, און שעפּטשעט און פאַרטרויט
ווּהין ער איז אַ גאַנצן יאָר פאַרשווּנדן.

1978

Elegiacally

The corpses live in another place,
and I am their Time.
I say: *It's raining,* and it rains.
I say: *Snow,* and a thin snow starts to fall.
They love to hear my poems, so I read them.

I say: *There is no Death,* and I hear a lament:
Death is our life—is there, then, no longer any life either?
I say: *We are as one—enough of being separate.*
They love to hear my poems, so I read on.

(1978)

עלעגיש

די מתים לעבן אין אַן אַנדער געגנט
און איך בין זייער צײַט. איך זאָג: עס רעגנט. און עס רעגנט.
איך זאָג: אַ שניי. און סטרונעדיק נעמט שנייען.
זיי האָבן ליב צו הערן מײַנע לידער און איך לייען.

איך זאָג: ניטאָ קיין טויט. איך הער אַ יאָמער:
דער טויט איז אונדזער לעבן, איז קיין לעבן אויך ניטאָ מער?
איך זאָג: מיר זענען איינס, געננוג זיך צווייען.
זיי האָבן ליב צו הערן מײַנע לידער און איך לייען.

1978

To Him Who Constantly Demands

I shall redeem my promissory note, I assure you,
when the Messiah comes,
and if any interest accumulates till then
I shall pay it with my ancient hands.

I shall pay it with a sunset redder than Hell,
which a little worm from the grave will see.
I shall pay with treasures from the bottom of the sea.

A thunderclap sneezes, and I say: *God bless you.*

(1978)

צום שטענדיקן מאַנער

איכ׳ל צאָלן מײַן װעקסל, איך בין דיר מבטיח,
אין דער זעלביקער שעה װען ס׳װעט קומען משיח.
און אַז אָנקלײַבן װעט זיך ביז דעמאָלט פּראָצענט
װעל איך צאָלן מיט מײַנע לאַנגיעריקע הענט.

איכ׳ל צאָלן מיט זונפאַרגאַנג רױטער פון גיהנום,
װאָס אַ װערעמל װעט פונעם קבר דערזען אים.
איכ׳ל צאָלן מיט אוצרות פון ימישן גרונט.

ס׳גיט אַ דונער אַ נאָס און איך זאָג: צו־געזונט.

1978

Maestro

With fingers he can hardly move and papery lips,
the maestro says goodbye to his faithful violin.
Once more he kisses her passionate strings,
then lets them carry him
to the eternal concert-hall,
where grasses without tickets
stroll to the concert.

The maestro was himself a violin—
his sounds too now blossom.
His faithful friend smiles now that the maestro is gone,
and a child lies dozing in her violin-womb.

(1978)

מאַעסטראָ

מיט פינגער קוים באַוועגלעכע און בלעטלדיקע ליפּן
געזעגנט זיך מיט זײַן געטרײַער פידל דער מאַעסטראָ,
צעקושט זיך נאָך אַ מאָל מיט אירע תּאווהדיקע סטרונעס.
דערנאָך דערלויבט ער, אַז מע זאָל אים טראָגן
צום אייביקן קאָנצערטן־זאַל, ווו גראָזן אָן בילעטן
שפּאַצירן צום קאָנצערט.

מאַעסטראָ איז אַליין געווען אַ פידל. זײַנע קלאַנגען
בלײַען אויף אַצינד.
און זײַן געטרײַע שמייכלט ווען מאַעסטראָ איז פאַרגאַנגען
און ס'דרעמלט אין איר פידלטראַכט אַ קינד.

1978

The Rainbow Is a Tree

After the storm, you count its few gifts;
they're threaded with gentle fingers.
After the storm, doves are black and crows are white.
Not to love is wisdom and love is betrayal.

From the clouds it sped lightning-bolts and waterspouts
to melt your bones like summer hail.
The joy of silence shines from chasms and the ground—
the springs beneath the rocks drink a sleeping draught.

After the storm, you love the storm;
its swords and spears fawn like kittens at your feet.
After the storm, wounds are healing badges of honor—
the joy of silence beats sweetness out of bitterness.

Down with the clock's time! Inside you there is a watch-hand
that is truer than the hands on the clock's glass-covered face.
After the storm, the gray-and-oldness floats away from you—
chattering wings flutter over your shoulders.

Now you see that the rainbow is a tree—
on high branches hang tiny blessed suns from afar.
The rainbow is a tree
and you alone are sometimes worthy of tasting a tiny sun.

(Paris, October 1978)

רעגן־בויגן איז אַ בוים

נאָכן שטורעם ציילסטו זײַנע זעלטענע מתּנות,
אַנגעסיליעט זענען זיי מיט פינגערדיקער צאַרטקייט.
נאָכן שטורעם זענען שוואַרץ די טויבן, ווײַס — וואָראָנעס,
אומליב איז די חכמה, ליב — געגנאַרטקייט.

אויסגעשנעלט פון וואָלקנס האָט ער בליצן, האָט ער שפּונטן,
האַגלווײַן זאָל זומערדיק צעגיין אין דײַנע ביינער.
פרייד פון שווײַגן לויכט אַרויס פון אָפּגרונטן און גרונטן,
ס'נעמען אײַן אַ שלאָפגעטראַנק די קוואַלן אונטער שטיינער.

נאָכן שטורעם האָסטו ליב דעם שטורעם. דיר צופוסן
לאַשטשען זיך ווי קעצלעך זײַנע שווערדן, זײַנע פּיקעס.
נאָכן שטורעם זענען ווונדן היילנדיקע זכותן,
פרייד פון שווײַגן שלאָגט אַרויס פון ביטערקייט מתיקות.

נידער מיט דער זייגערצײַט !.. פאַראַן אין דיר אַ ווײַזער
אמתדיקער פון די ווײַזערס אין באַגלאָזטן עיגול.
נאָכן שטורעם שווימט פון דיר אַוועק דער גרוי־און־גרײַזער,
ס'פּאָכען איבער דײַנע אַקסלען צווייטשערדיקע פליגל.

איצטער זעסטו : רעגן־בויגן איז אַ בוים. אויף הויכע
צווײַגן הענגען זונעלעך געבענטשטע, פון דער ווײַטנס.
רעגן־בויגן איז אַ בוים. און דו אַליין ביסט זוכה
טועם זײַן אַ זונעלע בײַ צײַטנס.

פּאַריז, אָקטאָבער 1978

To the Reader

O kneeling wind,
to whom do you kneel?
To you, my reader.
And you, my mirror-brother, who are you?
I am your reader.

What do you read?
My manuscript is hieroglyphic—
my chamber flickers in the half-light;
shaky symbols skip through the air like sailfish
and fall back into the sea forever.

What do you read,
half-laughing, half-dying?
About times to come or past?
Reader, do not shame my letters
with boredom.

Splinter your prison ringed with stars.
Come closer willingly, lively,
and read the unwritten so we both may hear
the breath of music that will outlive the killer.

(1978)

צום לייענער

אָ קנױענדיקער ווינט, פֿאַר ווערמען קניסטו?
— פֿאַר דיר, מײַן לייענער.
און דו, מײַן שפּיגל־ברודער, דו — ווער ביסטו?
— איך בין דײַן לייענער.

— וואָס לייענסטו? מײַן כּתב איז היעראָגליפֿיש,
האַלבנאַכטיק וואַקלט זיך אַצינד מײַן קאַמער אײַן.
געצוקטע צייכנס היפּערן ווי פֿליפֿיש
און טונקען זיך צוריק אויף לאַנג אין ים אַרײַן.

וואָס לייענסטו האַלב לאַכעדיק האַלב גוסס,
מינוטן קומענדיקע צי געוועזענע?
דו לייענער, פֿאַרשעם ניט מײַנע אותיות
מיט אויגן גלעזערנע.

צעשפּליטער דײַן געפֿענקעניש אַרומגעצוימט מיט שטערן,
דערנענטער זיך אַ לעבעדיקער, וויליקער
און לייען ס'ניט־געשריבענע, מיר זאָלן ביידע הערן
דעם אָטעם פֿון מוזיק וואָס לעבט אַריבער דעם פּאַרטיליקער.

1978

Cat's Tears

Sulfur-green cat's tears in the night.
It seems the face of Time unveils itself and I see it.

Sulfurous Time. Green wrinkles. Green cat's tears.
Sulfurous is her face, her love, her hatred.

Sulfurous is her nocturnal tongue.
Seventy tongues have sounded their death-rattles in her king-
    dom of slaughterhouses.
What about the seventy-first? Let's ask the
sulfur-green cat's tears in the night, facing us:

O face of Time, how shall I draw you?
Bore into my memory and remind it.

O woe, you've turned my memory too into sulfur—
sulfurous are my spoon of honey and my fresh loaf of bread.

(1978)

קאַצן־טרערן

שוועבל־גרינע קאַצן־טרערן אין דער נאַכט. אַ פּנים —
ס'פּנים פון דער ציַיט אַנטהילט זיך און איך זע איר פּנים.

ציַיט פון שוועבל. גרינע קנייטשן. קאַצן־טרערן גרינע.
שוועבל איז איר פּנים, איז איר ליבשאַפט, איז איר שׂינאה.

שוועבל איז איר נאַכטיק לשון. זיבעציק לשונות
האָבן אָפּגעכאָרכלט אין איר קיניגרײַך פון בוינעס.

אויפן איין און זיבעציקסטן לאָמיך איצטער פרעגן
שוועבל־גרינע קאַצן־טרערן אין דער נאַכט, אַנטקעגן:

פּנים פון דער ציַיט, ווי זאָל איך פורעמען דיַין פּנים?
עקבער זיך אַריַין אין מיַין זכּרון און דערמאָן אים.

ווײ, האָסט אויך פאַרוואַנדלט מיַין זכּרון אינעם שוועבל,
שוועבל איז מיַין לעפל האָניק און דאָס פרישע לעבל...

1978

Mercy

I saw a slaughtering-knife at the throat of a cow.
A sunset had mercy on her Heaven-silent dread,
no one else.
And where is my mercy?

From the highest cloud someone jumped to the lowest depths,
and a dog kneeled to his entrails in the middle of the street.
And where is my mercy?

But when I was a little boy
playing in the shadows,
I accidentally stepped on a frog with my bare foot.
I remember its limping glance—
my mercy still lives.

(1978)

רחמנות

איך האָב געזען: אַ חלף שווימט אין האַלדז פון אַ בהמה.
דערבאַרעמט האָט זיך אויף איר הימל־שוויַיגנדיקער אימה
אַ זונפאַרגאַנג. מער קיינער ניט. און וווּ איז מיַין רחמנות?

פון צענטן וואָלקן איז געשפּרונגען צו דער צענטער נידער
אַן עמעצער. און ס'האָט געקניט אַ הונט פאַר יענעמס גלידער
אין מיטן גאַס. און וווּ איז מיַין רחמנות?

נאָר יינגלוויַיז, ניט־ווילנדיק, זיך שפּילנדיק אין שאָטן,
אַ זשאַבע האָב איך מיט אַ פוס אַ באַרוועסן באַטראָטן.
כ'געדענק איר הינקעדיקן בליק. עס לעבט נאָך מיַין רחמנות.

1978

Last Love

Nurse, nurse—
how can I thank you, nurse,
for twinkling charmingly for my friend
after his heart attack—
for playing on the hairy keys of his cheek.
You didn't even know, my child-woman,
to whom you were giving,
out of the goodness of your heart,
a caress and a kind word.

And my friend,
with half a look, or maybe a quarter,
but with all the fraying strength of his dying,
with his last manly howl,
inflamed by your bitter-sweet pearls,
turned to you, child-woman, and said:
Last love of mine, last song,
I shall wait for your trembling hands
through all my death.

(1978)

לעצטע ליבע

קראַנקן־שוועסטער, קראַנקן־שוועסטער,
ווי אַזוי דיר דאַנקען, שוועסטער,
פֿאַרן חן־פֿינטלען מײַן חבר נאָכן האַרצאַטאַק,
פֿאַרן שפּילן אויף די האַרקלאַווישן פֿון זײַן באַק?
האָסט דאָך ניט געוווּסט אַפֿילו, מיידלערישע פֿרוי,
וועמען שענקסטו פֿון דײַן גנאָד אַ צערטל און אַ ווערטל.

און מײַן חבר, מיט אַ האַלבן בליק צי מיטן פֿערטל,
נאָר מיט גאַנצן רײַסנדיקן כּוח פֿון זײַן גסיסה,
מיטן לעצטן מענערשן געוויי
דורכגעברענט פֿון דײַנע פּערל ביטערע צי זיסע,
האָט געזעגנט זיך צו דיר־צו, מיידלערישע פֿרוי:
לעצטע ליבע מײַנע, לעצט געזאַנג,
וואַרטן וועל איך אויף דײַן צאַפּל אַ ניט־לעבן לאַנג.

1978

Green Piano Keys

Playing on green cricket piano keys,
Summer tries to bemuse my Winter.

Winter hobbles over
from Smargon or Kapulye,

a snowman in a red top-hat
with two wolf-cubs, his children.

The green piano keys freeze
and Summer stops interfering.

Good-yesterday, Winter bows,
my true home is your inkwell.

(his smile—otherworldly, macabre;
he even gleams like candelabra.)

I try to dip my pen
to describe the game and the scene.

Summer chirps in the inkwell:
Winter is burned up forever.

(1979)

גרינע קלאַווישן

אויף גרינע קלאַווישן פון גרילן
וויל זומער מײַן ווינטער פאַרשפּילן.

דערלאַנגט זיך דער ווינטער אַ קוליע
און קומט פון סמאַרגאָן צי קאַפּוליע:

אַ שניימענטש אין רויטן צילינדער
מיט וועלפּעלעך צוויי — זײַנע קינדער.

ס'פאַרפרירן די גרינע קלאַווישן,
דער זומער הערט אויף זיך צו מישן.

גוט־נעכטן, פאַרנייגט זיך דער ווינטער,
מײַן אמתע היים איז דײַן טינטער.

(זײַן שמייכל — יענוועלטיק, מאַקאַבריש,
אַפילו ער לויכט קאַנדעלאַבריש).

פּרוביר איך אַ טונק טאָן מײַן פּענע
צו מאָלן די שפּיל און די סצענע.

צעגרילט זיך דער זומער אין טינטער:
פאַרברענט איז אויף אייביק דײַן ווינטער.

1979

Dark Wine

Dark wine and dark knives
now glisten on the ground.
You have tasted sweeter, better,
but no better can be found.

Dark lightning from the knives
glitters and flickers its last.
You have tasted sweeter, better—
now here is your drink.

You sober from your drunkenness—
insanity smiles soberly.
Your ugly lusts
you now consider a joke.

You struggled with an angel near a river (what nerve!).
What a muscular pose!
Which of you is lame?

Which of the two limped?
Let's thank him.
Dark wine and dark sparks
are now your drink.

(1978)

שוואַרצער ווײַן

שוואַרצער ווײַן און שוואַרצע מעסערס
פינקלען איצטער אויפֿן דנאָ.
האָסט געטרונקען זיסערס, בעסערס,
נאָר קיין בעסערס איז ניטאָ.

שוואַרצע בליצן פֿון די מעסערס
מיניען אויס אַ לעצטן צאַנק:
האָסט געטרונקען זיסערס, בעסערס,
איצטער — אָט איז דײַן געטראַנק.

ניכטער ווערסטו פֿון דער שיכּרות,
ניכטער שמייכלט משוגעת:
דײַנע תּאוות, דײַנע פּריקרעס,
האַלטסטו איצטער פּאַר אַ שפּאַס.

האָסט געראַנגלט זיך (אַ העזה!)
מיט אַ מלאך בײַ אַ טײַך.
סאַראַ מוסקלדיקע פּאָזע:
ווער איז הינקעדיק פֿון אײַך?

ווער פֿון ביידן האָט געהונקען
לאָמיר זאָגן אים אַ דאַנק.
שוואַרצער ווײַן און שוואַרצע פֿונקען
זענען איצטער דײַן געטראַנק.

1978

Divine Comedy

In some other incarnation,
if You place me in Your garden
make me not young and full of life, as before,
but full of years.

And don't drive me out later,
don't play divine tricks.
I want to taste the trees
of both Life and Death.

I want to taste
the tree of terrible suffering,
so I can say in strong-voiced silence:
I am created in Your image.

And serpents may slither nearby,
one or two or three,
so long as gray-haired Night
has no dominion over me;

So long as the tiny mouths of my fingers
go to the wellspring
and every atom of my body
grows younger, not older.

And if I survive till childhood,
O, what a party there will be!
My cat will wash her hands
and my dog will dance in his little house.

(1979)

געטלעכע קאָמעדיע

אין אַנדער גילגול אַז דו וועסט
באַזעצן מיך בײַ דיר אין גאָרטן,
באַשאַף מיך ניט ווי קודם יונג
און יווירנדיק, נאָר אַ באַיאָרטן.

און טרײַב מיך שפּעטער ניט אַרויס
און טרײַב ניט געטלעכן קאַטאַוועס.
פֿאַרזוכן וויל איך סײַ פֿון עץ־
החיים סײַ פֿון עץ־המוות.

פֿאַרזוכן וויל איך פֿונעם בוים
פֿון סאַמע סמיקסטע יסורים,
אַז קאָנען זאָל איך שווײַגן שטאַרק:
באַשאַפֿן בין איך אין דײַן פֿורעם.

און צינגלען מעג דערבײַ אַ שלאַנג
אַן ערשטע, צווייטע, צי אַ דריטע,
אַבי ס'וועט נאַכט מיט גראָע האָר
ניט האָבן איבער מיר קיין שליטה.

אַבי עס ציִען זיך צום קוואַל
די מײַלכעלעך פֿון מײַנע פֿינגער
און יעדער קאַפּליע אין מײַן לײַב
אַנשטאָט זיך עלטערן, ווערט יִינגער.

און אַז איך וועל דערלעבן ביז
דער קינדהייט, אוי וועט זײַן אַ סעודה:
מײַן קאַץ וועט וואַשן זיך די הענט
און טאַנצן וועט מײַן הונט אין בודע.

1979

נאָדלשײַן

Needle-Shine

Wooden Stairs

(To Freydke)

I don't remember faces—
people too become erased.
I remember only the squeak of the wooden stairs
without railings,

the wooden stairs to my tiny apartment,
where swallows came and partied beneath the eaves,
got drunk, cried, and laughed till long past dawn.
I don't remember faces—their heirs are ruins.

I remember only the squeak of the wooden stairs to my room.
Aha, Lazar Wolf, that's not how my princess squeaks . . .
But who has taught a shadow to play with its toes?
A lightning flash has ripped out heavenly notes in the clouds.

Instrument cases of wooden stairs,
and in them—musicians,
and their music has spread to other regions.
The silence has reached my neck—a catastrophe—
but I captured a star in a stanza.

The apartment is gone in the Holocaust.
The people have disappeared.
I remember only the squeak of the wooden stairs
without railings.

(1979)

הילצערנע טרעפּ

כ׳געדענק ניט קיין פּנימער. אָפּגעמעקט ווערן אויך מענטשן.
כ׳געדענק בלויז דעם סקריפּ פון די הילצערנע טרעפּ, אָן פאַרענטשן.

די הילצערנע טרעפּ צו מײַן סאַלקע די גרייס דלת אַמות
וווּ אונטערן דאַך קומען שוואַלבן אויף שׂימחות און ליאַמעס
און שיכּורן, וויינען און לאַכן ביז העט אין באַגינען.
כ׳געדענק ניט קיין פּנימער. זייערע יורשים — רווּנען.

כ׳געדענק בלויז דעם סקריפּ פון די הילצערנע טרעפּ צו דער סאַלקע:
אַהאַ, לייזער וואָלף, ניט אַזוי סקריפּעט אויס מײַן בת־מלכּה...
נאָר ווער האָט געלערנט מיט פּיספּינגער שפּילן אַ שאָטן?
אַ בליץ האָט אין וואָלקנס אַ שניט געטאָן הימלישע נאָטן.

פּוטליאַרן פון הילצערנע טרעפּ און אין זיי — מוזיקאַנטן,
און זייער מוזיק האָט געצויגן אין אַנדערע קאַנטן.
די שטילקייטן האָבן דערגרייכט ביזן האַלדז: קאַטאַסטראָפע,
נאָר איך האָב געפאַנגען דעם סיריוס אין איינער אַ סטראָפע.

אַוועק אויף פּאַנאַר איז די סאַלקע. אַוועק זענען מענטשן.
כ׳געדענק בלויז דעם סקריפּ פון די הילצערנע טרעפּ, אָן פאַרענטשן.

1979

Legend

When Rachel Sutzkever, the gentle painter
of Young Vilna and our youthful days,
came barefoot from the wounded ghetto streets
and drew near the whirlpool, the gate,
there were twin projections from the knapsack on her girlish
    back:
two paintbrushes, dipped beforehand
in the pupils of her two soft eyes.

I saw the paintbrushes look around
while swimming to the gate, and say good-bye
to the falling leaves, the attics, stairs, and dolls,
and to their models in the dying city.

A little while longer
and the paintbrush-gold of our painter
will become a legend.

I murmured: Rachel, Rachel,
have you taken along
in your knapsack
some canvas too and tubes of paint,
or do you plan to paint
with a single color—red?
But I will come personally to your exhibition anyway,
with bated breath,
to see for myself—
to marvel at a frightful still-life.

(1979)

לעגענדע

ווען רחל סוצקעווער, די מילדע מאָלערין פון אונדזער
יונג־ווילנע און יונג־לעבן,
האָט פון געטאָ־געסלעך ווונדיקע
דערנענטערט זיך אַ באָרוועסע
צום קעסלגרוב — צום טויער,
האָט פונעם רוקזאַק אירן אויף די מיידלערישע פּלייצקעס
אַרויסגעשטאַרצט אַ צווילינגל: צוויי פּענדזלען.
זי האָט זיי פריִער איַינגעטונקט אין אירע צוויי שוואַרצאַפּלען.

איך האָב געזען: די פּענדזלען זענען,
געזעגענען זיך שווימענדיק צום טויער
מיט בלעטערפאַל, באַלקאָנען, טרעפּ און ליאַלקעס,
מיט זייערע מאָדעלן אין דער זינקענדיקער שטאָט.

נאָך אַ ווײַלע, און דאָס פּענדזלגאָלד פון אונדזער מאָלערין
וועט ווערן אַ לעגענדע.

איך האָב געשעפּטשעט: רחל, רחל, האָסטו מיטגענומען
אין רוקזאַק
לײַוונט אויך און טובעס פּאַרב,
צי דו וועסט מאָלן
מיט איין־און־איינציקן קאָליר: מיט רויט?
נאָר איכ׳ל סײַ ווי
אַן־אָטעם קומען אויף דײַן בילדער־אויסשטעלונג
פּערזענלעך
און זען אַליין.
באַוווּנדערן אַ מוראדיק שטיל־לעבן — —

1979

The Gypsy Maria Kvieck

Maria Kvieck was no longer the 18-year-old
Gypsy girl with flashing eyes,
the daughter of the Gypsy king of Troki;
not the Maria Kvieck who fled from her father's kingdom,
a naked girl clad only in beads and beauty
and shielded by the steel of the lakes,
to Vilna and her beloved Samson Kahan.

Now a dancing mummy has appeared in the city,
with eyes like ravaged nests
and pigtails caked with lime.
O not from her father's kingdom did Maria Kvieck flee,
a naked girl clad only in beads and beauty.

Hanging breaths bowed to her
like fruits on an unshaken tree,
and only the thirsty Vilya
continued to drink the upside-down lightning.

She danced into seven empty little streets
and, with unforgettable love,
Maria, as if possessed, called to the poet.
Thus did she call, the one-time light of his life:
Where are you, Siomka, my blond angel?
Be good to me now.
I'll wash your wings with my blood.
But her blond angel made no answer to his Gypsy girl.

(1979)

די ציגײַנערין מאַריע קוויעק

ס׳איז מאַריע קוויעק שוין איצטער ניט געווען די אַבצן־יאָריקע
בליצאויגיקע ציגײַנערין און טאָכטער פונעם טראַקער
ציגײַנער־קיניג; ניט קיין מאַריע קוויעק וואָס איז אַנטלאָפן
אַ הוילינקע, בלויז אָנגעטאָן אין קרעלן און אין שיינקייט,
פון טאַטנס קיניגרײַך, מיט שטאָל פון אָזערעס באַפּאַנצערט,
קיין ווילנע, צום געליבטן שמשון קאַהאַן —

אַצינד האָט זיך אַנטפּלעקט אין שטאָט אַ טאַנצנדיקע מומיע
מיט אויגן — אויסגערויבטע נעסטן און די צעפּ אין קאַלך.
אַ ניט פון טאַטנס קיניגרײַך איז מאַריע קוויעק אַנטרונען
אַ הוילינקע, בלויז אָנגעטאָן אין קרעלן און אין שיינקייט:

עס האָבן זיך פּאָר איר געבויגן הענגענדיקע אָטעמס
ווי פּירות אויף אַ בוים וואָס קיינער גיט אים ניט קיין טרייסל.
און בלויז די דאָרשטיקע ווילדע האָט געטרונקען ווײַטער
קאַפּויערדיקע בליצן.

אַרײַנגעטאַנצט אין זיבן פּוסטע געסלעך,
און מיט אַ ליבע וואָס איז אומפּאַרגעסלעך,
האָט מאַריע אַ באַנומענע גערופן צום פּאָעט,
אַזוי האָט אים גערופן זײַן אַמאָליקע באַשײַנערין:
ווּ ביסטו, סיאָמקע, בלאָנדער מלאך, זײַ צו מיר שוין גוט,
כ׳וועל וואַשן דײַנע פליגל מיט מײַן בלוט — —
נאָר ס׳האָט איר בלאָנדער מלאך ניט געענטפערט זײַן ציגײַנערין.

1979

With Shmerke, When Forests Are Burning

Forests are burning in the night
like dry hay in a barn.
Burning wolves run through the woods,
their fur set afire.
Green glances ignite the snow
and it too starts to green.
Through the green darkness of the snows,
whither shall the night flee?

And my squirrel-like comrade
scrambles up a fir tree.
Are forests burning in the night?
Shake a leg,
my lively one,
and clamber up the branch-steps
to the very stars—
my comrade must remember
the burning panorama.

The fir tree trembles more than he—
its needles are already afire.
The rings of its trunk burst
and it soon ceases to fir.
What is my comrade doing up above?
Singing a little folk-song:
Forests are burning,
their trunks are burning,
but their roots remain intact.

(1979)

מיט שמערקעז, ווען עס ברענען וועלדער

עס ברענען וועלדער אין דער נאַכט ווי טרוקן היי אין שײַער,
עס יאָגן ברענענדיקע וועלף, עס ברענט אויף זיי דאָס פײַער.
די גרינע בליקן צינדן אָן דעם שניי, וואָס נעמט אויך גרינען,
דורך גרינעם חושך פונעם שניי — ווּהין זאָל נאַכט אַנטרינען?

און אויף אַ יאָדלע דראָפּעט זיך מײַן וועוועררדיקער חבר:
עס ברענען וועלדער אין דער נאַכט? איז לעבעדיקער, זשוואָווער,
דערקלעטערן אויף צווײַגן־שטאָפּלען צו די שטערן סאָמע.
געדענקען מוז מײַן חבר ווי סע ברענט אַ פּאַנאָראַמע.

די יאָדלע ציטערט מער פון אים. שוין ברענען אירע נאָדלען.
די רינגען פלאַצן אין איר לײַב. זי הערט באַלד אויף צו יאָדלען.
וואָס טוט מײַן חבר אויבן? זינגט אַ פאָלקסטימלעכע סטאַנצע:
עס ברענען וועלדער. ס׳ברענט זײַן שטאָם. די וואָרצלען בלײַבן גאַנצע.

1979

Attics in the Sunset

(July 1944)   (For Chaim Grade)
Empty buildings, without lips.
I race through the attics, one after another,
looking for a living Jew—
in vain.
No little children, no old men—
just attics in the sunset,
one after another.

A maiden's breath hovers in the air
like a cobweb hanging from a hook.
A piece of prayer-shawl lies in folds
like an old man's wrinkles.
I go in and out of attics,
so many attics,
with no children and no old men—

only attics in the sunset,
only attics,
corpses hanged in space
so Time can have something to devour.
I make a vow:
Vilna, I won't stop
till I can run no farther,
till the last attic.

And if my heart lags behind,
what then?
Even then I'll keep running through the attics,
watching the blazing sunset
through the broken shingles.
Is there not a single child or graybeard
in all the attics?

ביידעמער אין זונפאַרגאַנג

פאַר חיים גראַדע

(יולי 1944)

בנינים ליידיקע, אָן ליפּן. לויף איך איבער ביידעמער
און זוך אַ לעבעדיקן ייִד אַ בוידעם אויס און איַין.
אומזיסט. ניטאָ קיין אייניקל אין זיי, ניטאָ קיין זיידע מער,
בלויז ביידעמער אין זונפאַרגאַנג, אַ בוידעם אויס און איַין.

אַ מיידל־אָטעם הוידעט זיך אין שפּינוועבס אויף אַ האָקן,
אַ שטיקל טלית פּעלבלעט זיך מיט קנייטשן פון אַ זקן.
און איך — אַ בוידעם אויס און בוידעם איַין. אַזוי פיל ביידעמער,
ניטאָ קיין אייניקל אין זיי, ניטאָ קיין גרויער זיידע מער.

בלויז ביידעמער אין זונפאַרגאַנג. בלויז ביידעמער: מעת־לעתן
צעהאַנגענע אין רוים, די צײַט זאָל האָבן וואָס צו פרעסן.
איך טו אַ נדר: ווילנע! כ׳וועל ניט אָפּשטעלן זיך קודם
ביז וואַנען איך דערלויף ניט ווײַטער, ביז דײַן לעצטן בוידעם.

און אַז מײַן האַרץ וועט בלײַבן הינטערשטעליק, וואָס איז דעמלט?
כ׳וועל דעמלט אויך ניט אויפהערן צו יאָגן איבער ביידעמער
און זען דורך דאַכלקעס געפּלאַצטע ווי די שקיעה פלעמלט:
ניטאָ אויף אַלע ביידעמער קיין אייניקל און זיידע מער?

Behind the last attic is an abyss.
The attic-panes turn bluish, like burned-up, toothless bones.
Hiding in a corner is a sacrifice for Moloch
who has fled here, a living shadow, at least one.

With the upraised arms of a sinful whirlpool
we see each other and swim through the spray.
The attics whirl into the same maelstrom.
And you thought there were no more children or old men!

With the sunset, his bearded face swims out to me.
Liberated, he seems not to know he is free.
So I give him the news amid the pots and bricks,
and both our faces fall to pieces in a mirror.

Only the mirror, covered with dust as with old garments,
splinters with the echo of life, above the attics.
So I chase the echo through empty attics
and don't believe there are no more children or old men.

(1979)

אַהינטער לעצטן בוידעם איז אַ תּהום. עס ווערן בלווילעך
די בוידעמשטויבן ווי פֿאַרבֿרענטע אויסגעצאַנקטע ביינער.
ס׳באַהאַלט זיך אין אַ ווינקל אַ באַשטימטער פּאַרן מולך,
אַנטרונען דאָ אַ לעבעדיקער שאָטן, כאַטשבי איינער.

מיט אָרעמס פֿון אַ זידנדיקער קעסלגרוב געהויבן
דערזעען מיר זיך ביידע און מיר שווימען דורך די שטויבן.
עס דרייען זיך אַרײַן אין זעלבער קעסלגרוב די ביידעמער.
אַבי דו האָסט געמיינט, ניטאָ קיין אייניקל און זיידע מער.

מיט זונפֿאַרגאַנג באַוואַקסן שווימט אַרויס צו מיר זײַן פּנים,
דער אויסגעלייזטער ווייס ניט פֿון זײַן אויסלייזונג אַ פּנים.
דערלאַנג איך אים אַ ברענג די בשׂורה איבער טעפּ און ציגל
און ביידנס פּנימער צוזאַמען — פֿלאַצן אין אַ שפּיגל.

און בלויז דער שפּיגל, אָנגעטאָן אין שטויב, ווי בגדים אַלטע,
צעשפּליטערט זיך מיט ווידערקול פֿון לעבן, איבער ביידעמער.
איז לויף איך נאָכן ווידערקול דורך ביידעמער צעפֿראַלטע
און גלייב ניט, אַז ניטאָ אין זיי קיין אייניקל און זיידע מער.

1979

Needle-Shine

And thus it came to pass:
When later on, already liberated,
I went back to the hiding place
where I had concealed myself
between God and the Devil,
there fell obliquely through the thin tin roof,
which I had pierced with a nail,
the same ray of light,
the same heavenly-shining needle
with whose aid I had needled letters
on the silvery parchment of my flesh
forever and ever.

Let's reveal a secret:
When later on, already liberated,
I went back to the hiding place,
the dust shook itself together,
in the same needle-shine,
into a familiar shape.
And I could swear that it was I
and still is.
I shall remain threaded on a string of dust
with the same needle.

(1978)

נאָדלשײַן

און ס׳איז געשען אַזוי: ווען איך בין שפּעטער,
אַן אויסגעלייזטער שוין,
צוריק אַרײַן אין דער באַהעלטעניש
אַוווּ איך האָב זיך אויסבאַהאַלטן
צווישן גאָט און טײַוול,
איז קאָסע נאָך געפֿאַלן דורכן דינעם בלעכגעוועלב
וואָס דורכגעבויערט האָב איך מיט אַ טשוואָק,
די זעלבע שײַן,
די זעלבע הימליש לויכטנדיקע נאָדל,
אין וועמעס גנאָד פֿאַרנאָדלט האָב איך אותיות
אויף זילבערלעכן פּאַרמעט פֿון מײַן לײַב
לעולם ועד.

לאָמיך שוין אַרויסוויקלען אַ סוד:
ווען איך בין שפּעטער,
אַן אויסגעלייזטער שוין
צוריק אַרײַן אין דער באַהעלטעניש,
אויפֿגעצאַפּלט האָט פֿון שטויב
אין זעלבער נאָדלשײַן
אַ קענטלעכע געשטאַלט. און איך וואָלט שווערן:
אי ך בין עס געווען. און בין. וועל בלײַבן,
אַנגעסיליעט אויף אַ שנירל שטויב
פֿון זעלבער נאָדל.

1978

The Witness

From the time that I was witness
to how a match can wipe out
a synagogue full of old men and children
faster than a little swallow disappears in the sunset,
leaving behind them and their Kaddish
a parchment ash
with sparkling letters,
a parchment ash
that glows in the wind
and only the wind knows how to read it,
from then on I've been unable
to enter any house of worship.
It seems to me that I, the witness,
will be recognized by that ash.

I think to myself: I'll go in and, God forbid,
I won't
be burned up.

(1979)

דער עדות

פון זינט איך בין געווען אַן עדות ווי עס קען אַ שוועבעלע
אויסלעשן אַ קלויז מיט זקנים, קינדער,
געשווינדער
ווי עס לעשט זיך אויס אין זונפאַרגאַנג אַ שוועלבעלע
און ס׳בלײַבט נאָך זיי און זייער יתגדל ויתקדש
פאַרמעטענער אַש
מיט בליצלעך אותיות,
פאַרמעטענער אַש
וואָס גליט אַרויס עס
פאַרן ווינט און בלויז דער ווינט מסוגל איז צו לייענען,
פון דעמאָלט קען איך ניט אַרײַנגיין אין קיין שום בית־תּפילה.
מיר דאַכט, אַז איך, דער עדות, וועל פון יענעם אַש
דערקענט ווערן.

מיר דאַכט: איך וועל אַרײַן און וועל חלילה
ניט
פאַרברענט ווערן.

1979

A Prayer

A prayer has been sailing through my veins for many years,
sailing till it has billowed into a verse:
Dear God, let's exchange our memories—
I shall remember the beginning
and You will remember the end.

(1978)

אַ תּפֿילה

זעגלט אַ תּפֿילה אין אַדערן מײַנע זינט יאָרן,
זעגלט, ביז װאַנען זי כװאַליעט אַרײַן אין אַ סטראָף:
גאָטעניו, לאָמיר זיך בײַטן מיט אונדזער זכּרון,
איך — װעל געדענקען דעם אָנהייב, דו — װעסט געדענקען דעם סוף.

1978

נאַכטגראַניט

Night Granite

Lullaby to a Stone

I sing a lullaby to a stone:
It's still early—sleep a while.
The cock hasn't crowed yet,
so it's ai-lu-lu, lu-lu.
The sun is immersed in a sunflower
and refuses to tear free,
just as with the poet and his poem,
his dream and his imagination.

When you grow older,
if a stone can grow older,
and learn that I love you best of all,
you'll feel my pulse in your bones a while
and you'll shed a tear-stained spark—
meanwhile, ai-lu-lu, lu-lu.

Tell you who I am?
I am kneaded from Eve's rib;
I remember that we marveled at our shadow beside a river.
The names Day and Night still hovered over us
like two white and black wings.
It's still early—sleep a while.

Now we cannot both be awake on the same piece of ground.
If you rise up from your stone,
I will be your sign language.
The question, why we're stone and man, is superfluous.
The cock has not crowed,
so it's ai-lu-lu, lu-lu.

(1978)

162

וויגליד צו אַ שטיין

איך זינג אַ וויגליד צו אַ שטיין: ס׳איז פרי נאָך, שלאָף דערוויַילע,
דער שטערנהאָן האָט ניט געקרייט, איז אײַלע־ליו און אײַלע.
פאַרטיפט אין זונבלום איז די זון און וויל זיך ניט באַפריַיען
אַזוי ווי ביַים פּאָעט זיַין ליד: זיַין חלום און זיַין רעיון.

אַז דו וועסט ווערן עלטער, אויב — אַ שטיין קאָן ווערן עלטער,
און וויסן אַז איך האָב דיך ליב, פון אַלע ליבעס העלטער,
דערפילן וועסטו אין דיַין קוואַל מיַין דפק אויך אַ וויַילע
און שענקען אַ פאַרטרערטן פונק. דערוויַילע איַילע, איַילע.

דערציילן ווער איך בין? איך בין פון חוהס ריפּ געקנאָטן,
כ׳געדענק, מיר האָבן ביַי אַ טיַיך באַוווּנדערט אונדזער שאָטן.
געשוועבט נאָך האָבן איבער אונדז די נעמען יום און לילה
ווי וויַיס און שוואַרצע פליגלען צוויי. ס׳איז פרי נאָך שלאָף דערוויַילע.

צוזאַמען קאָנען מיר אַצינד אויף זעלבער ערד ניט וואָך זיַין,
אַז דו וועסט אויפשטיין פון דיַין שטיין וועל איך דיַין שטומע שפּראַך זיַין.
פאַר וואָס מיר זענען שטיין און מענטש איז איבעריק די שאלה...
דער שטערנהאָן האָט ניט געקרייט, איז איַילע, איַילע, איַילע.

1978

The God of Silence

My fate it is to drink of desert,
falling stars,
falling words
from the tree of Heaven.

The God of silence
wanders through my veins.
Somewhere they're killing an eagle,
my body murmurs to me.

To drink only of desert
from the pitcher of the night;
to drink only of visions
and to see the vision in myself:
I am destined to live,

only to live—
I am destined to live.

(1978)

דער גאָט פון שטילקייט

באַשערט איז מיר צו טרינקען מידבר:
פאַלנדיקע שטערן,
פאַלנדיקע ווערטער
פון הימלבוים.

דער גאָט פון שטילקייט
וואַנדערט אין די אָדערן.
ערגעץ קוילעט מען אַן אָדלער,
מורמלען מײַנע אָדערן.

בלויז צו טרינקען מידבר
פונעם קריגל פון דער נאַכט,
בלויז צו טרינקען זעונג
און דערזען איז זיך די זעונג,
באַשערט איז מיר צו לעבן.

בלויז צו לעבן
באַשערט איז מיר צו לעבן.

1978

Small Elegy On the Death and Resurrection of A Unique Word

From two lips, male and female,
were you born, O wondrous thing—
Spring entered you enduringly.
You sundered yourself from the two,
became a separate thing,
directed my blood-symphony,
and nourished my imagination.

O word of mine,
unique like a one with its zeroes burnt away,
pointing to the North Star
like a magnetic compass,
from two lips, male and female, and an invisible man.

I know not whose dream made you real
and whose flood of tears greedily extinguished you.
Without you I was a burnt-out ember—
without you, O my word, I was truly without flesh and speech.

And you, my unique one, my inner self,
have now received my prayer
under dust and skull-fragments,
and have risen alive from the grave,
immortal, like Death itself.

(1979)

קליינע עלעגיע אויפֿן אויסלעש
און תּחית־המתים פֿון אַן איינציק וואָרט

פון ליפּן צוויי, אַן ער און זי, געבוירן ביסטו, וווּנדער,
אַ פּרילינג איז אַרײַן אין דיר געדײַען.
האָסט אָפּגעטיילט זיך פון די צוויי, געוואָרן אַ באַזונדער
און דיריגירט מײַן בלוט־סימפאָניע און גענערט מײַן רעיון.

אָ וואָרט מײַנס, איינציק ווי אַן איינס מיט אָפּגעבערענטע נולן
און ווי דאָס נעדעלע מאַגנעט
צום צפון־שטערן שפּירעוודיק.
פון ליפּן צוויי, אַן ער און זי, און רואה־ואינו־ניראהוודיק.

איך ווייס ניט ווען חלום האָט דיך אויסגעוואָרט און ווען
אַ טרערנבראָך האָט זשעדנע דיך פאַרלאָשן.
געווען בין איך אָן דיר אַ האָלאָוועשקע און באמת
געווען אָן דיר, מײַן וואָרט, אָן לײַב־און־לשון.

און דו, מײַן איינציקייט, מײַן איך, דו האָסט אַצינד פאַרנומען
די תּפילה מײַנע אונטער שטויב
און שערבלעך.
און אויפגעגאַנגען לעבעדיק, און ווי דער טויט אומשטערבלעך.

1979

The Great Silence

In the Sinai desert, on a giant-cloud of granite,
kneaded from the first night of Creation in the desert,
hewn out of a dark flame near the Red Sea,
there it is my fate to catch a glimpse of the Great Silence.

The Great Silence sifts through the mysteries of the night
and its fine powder falls motionless on my eyelashes.
I ask the Great Silence,
silently, under my breath,
(if I could, I'd ask even more quietly):
Holy Silence,
how many stars have You managed to count so far
since Your beginning—
since Your presence hovered, on the first night of Creation,
near the Red Sea?

The Great Silence answers me:

When I have counted
from nothing to the very first one,
then, O human, you will be the first one I tell.

(1979)

דאָס גרויסע שווײַגן

איז מידבר סיני, אויף אַ ריזן־וואָלקן פֿון גראַניט,
אויסגעקנאָטן פֿון דער ערשטער בראשית־נאַכט אין מידבר,
אויסגעטעסעט פֿון אַ שוואַרצן פֿלאַם אַנטקעגן ים־סוף,
דאָרטן איז באַשערט מיר צו דערזען דאָס גרויסע שווײַגן.

ס׳גרויסע שווײַגן זיפֿט אַדורך די סודות פֿון דער נאַכט,
אומבאַוועגלעך פֿאַלט איר דינע מעל אויף מײַנע ווײַעס.
פֿרעג איך בײַ דעם גרויסן שווײַגן
שווײַגעוודיק, בלחש,
וואָלט איך קאָנען וואָלט איך פֿרעגן שטילער:
הייליק שווײַגן,
וויפֿל שטערן האָסטו שוין באַוויזן איבערציילן
זינטן אַנהייב דײַנעם, זינטן הויערן באַשטענדיק
אויף דער בראשית־נאַכט אַנטקעגן ים־סוף?

ענטפֿערט מיר דאָס גרויסע שווײַגן:
אַז כ׳וועל איבערציילן
פֿונעם גאָרנישט ביזן גאָר דעם ערשטן,
דעמאָלט, מענטשנקינד, וועל איך דערציילן דיר דעם ערשטן.

1979

Night Granite

A
A living diamond in the form of an eagle
darts out of the heavenly depths,
swoops down to the stony abyss
and rips apart the night granite with his flight.
The morning-star is smoking in its red beak.

B
A wing of his has burned away,
but the diamond still flies with one,
with one in one.
He flies with the single wing, without the other,
should two-winged creatures wish to accompany him.

A fire gave him, as its legacy,
not the ashes, but fire itself.
May earthly chains tug at him,
should two-winged creatures wish to accompany him.

(1978)

נאַכטגראַניט

א

אַ לעבעדיקער דימענט אינעם אויסזען פון אַן אָדלער
דערלאַנגט זיך פון אַ הימל־תּהום אַ ריס־אַרויס און בייגט זיך
צום פעלדזן־תּהום, און שנײַדט פונאַנדער נאַכטגראַניט בײַם פליִען.
עס רייכערט זיך דער מאָרגן־שטערן אין זײַן רויטן שנאָבל.

ב

אָפּגעברענט האָט אים אַ פליגל. מיט איינעם
פליט נאָך דער דימענט. מיט איינעם אין איינעם.
פליט מיטן איינציקן פליגל, אַן צווייטן,
זאָלן צווייפליגלישע ווערלן באַגלייטן.

ס׳האָט אים געלאָזן אַ פײַער צו שטײַער
ניט קיין ירושה דאָס אַש, נאָר דאָס פײַער.
זאָלן אים ציִען די ערדענע קייטן,
זאָלן צווייפליגלישע ווערלן באַגלייטן.

1978

To be Able to Say I

One must have the strength
of someone from another time
to be able to say I.

To say I
one must first bring to his lips
a white-hot coal
and burn out the other words.

To say I
one must bow his head,
as when speaking the Ineffable Name.

(1978)

צו קאָנען זאָגן: איך

פֿאַרמאָגן מוז מען גבֿורה פֿון אַ צווייטן,
אַנדערצײַטיקן,
צו קאָנען זאָגן: איך.

צו זאָגן: איך
באַדאַרף מען פֿרײַער צוטאָן צו די ליפּן
אַ שוואַרצע קויל ביז ווײַסקייט אַ צעגליטע
און אויסברענען די איבעריקע ווערטער.

צו זאָגן: איך
באַדאַרף מען זיך פֿאַרנייגן
אַזוי ווי בײַם אַרויסזאָגן דעם נאָמען־אָן־אַ־נאָמען.

1978

Jerusalem

Sunken is the sun in the depths of a well,
and night has already rolled a stone over its top.
Jerusalem, thou art like the sun in the well.
I'll roll the stone on top of myself now,
and from the sunniness in the well I'll murmur with joy:
There is no darkness that can swallow the sun in a well—
its corona bubbles like seven suns.
Old is young and young is old—
there's no longer any distinction,
and Death is afraid lest Life swallow him.

(1979)

ירושלים

אַראָפּגעזונקען איז די זון אין אָפּגרונט פון אַ ברונעם
און שוין האָט נאַכט אַרויפגעקײַקלט אויף זײַן מויל אַ שטיין.
ירושלים, ביסט געגליכן צו דער זון אין ברונעם
און כ׳וועל דעם שטיין אַרויפקײַקלען אַצינד אויף זיך אַליין
און אויסברומען פון ברונעמדיקער זוניקייט מײַן פרייד:
ניטאָ די פינצטערניש וואָס קאָן פאַרשלינגען
די זון אין ברונעם. זיבנזוניק שפּרודלען זײַנע רינגען,
און אַלט איז יונג און יונג איז אַלט, ניטאָ מער קיין צעשייד.
און טויט האָט מורא, אַז דאָס לעבן זאָל אים ניט פאַרשלינגען...

1978

The First Night in Tel-Aviv

The first night in Tel-Aviv, September 'forty-seven,
at the house of Nathan Alterman (whose acquaintance I had
    made previously at Chatzkl's in Kasit)—
Stay overnight—I stayed.

Intoxicated by his wise silence, as though a new vista,
with its flickering shimmer, were unfolding to me for the first
    time,
and also by the sea noises that filled the night in the same
    room,
I gave a shudder, like an inexperienced swimmer in the sea of
    sleep,
in the sea of the sea,
in its black sparks.

The first night in Tel-Aviv—only yesterday I drank it in.
The glowing spherule in my brain receding, growing smaller,
the sea noises and the accompanying black sparks fade away,
and I, on my first night in the city, fade away into its sounds.
Suddenly someone rescues me—

It's Alterman;
the trembling of his wise silence wakes me up.
His silence has meaning:
Bemused, he sees a mist rising from my eyes,
and I catch a glimpse of his stars, in him and outside.

(1979)

די ערשטע נאַכט אין תּל־אָביב

די ערשטע נאַכט אין תּל־אָביב, סעפּטעמבער פֿערציק זיבן,
בײַ נתן אַלתרמן אין שטוב (געשלאָסן פֿריִער קאַנטשאַפּט
בײַ חאַצקלען אין ,כּסית׳). „בלײַב נעכטיקן" — איך בין געבליבן.
פֿאַרשיכּורט פֿון זײַן קלוגן שווײַגן, ווי עס וואָלט אַ לאַנדשאַפֿט

אַנטפּלעקט זיך מיר צום ערשטן מאָל אין צוקנדיקן שימער
און אויך פֿון ים־געוויין וואָס נעכטיקט אינעם זעלבן צימער,
דערלאַנג איך זיך אַ וואַליע ווי אַ ניט־גענײטער שווימער
אין ים פֿון שלאָף. אין ים פֿון ים. אין זײַנע שוואַרצע פֿונקען — —

די ערשטע נאַכט אין תּל־אָביב. איך האָב זי ערשט געטרונקען.
ס׳צעגליטע קײַלעכל אין מוח — זינקעוודיקער, קלענער.
ס׳פֿאַרגייט אין מיר דאָס ים־געוויין באַגלייט פֿון שוואַרצע פֿונקען
און איך, די ערשטע נאַכט אין שטאָט, פֿאַרגיי אין זײַנע טענער.

און פּלוצעם — עמעץ ראַטעוועט. ס׳איז אַלתרמן. דער צאַפּל
פֿון קלוגן שווײַגן וועקט מיך אויף. זײַן שווײַגן איז וואָס אויסן:
באַנומען זעט ער ווי סע שלאָגט אַ רויך פֿון מײַן שוואַרצאַפּל
און איך דערזע די שטערן זײַנע: אינ־אים און אין דרויסן.

1979

In the Narrow Room

The clumps of earth fall
and spill the shadow of a tree
into a narrow room.
But the shadow remains attached to the tree;
it too blossoms up above,
becomes a tree itself,
and rains down pollen.

And up above is also he who lay within.
Not enough for him are love and hate, the twins of life—
the twins exchange their fates
like actors made up for mixed-up roles.

And up above, silence swings back and forth
on a string of purest gold
with raindrops on the gentle green-gold background.
And up above, his quiet wisdom, which he bequeathed
to grown men and dwarfs as tall as little plants,
pines away.

And up above, the poet's name and time
seek the road to home.
(There is a time that isn't sand between the fingers).
And the rings of his roots clang together,
with appled words and sour-cherry rhymes.

(1978)

בײַם שמאָלן קאַמער

לזכר אַריה שמרי

די גרודעס פאַלן. צו פאַרשיטן אין אַ שמאָלן קאַמער
אַ שאָטן פון אַ בוים. נאָר צוגעקלאַמערט אָן אַ קלאַמער
דער שאָטן איז צום בוים. צעבליט זיך אויך דער שאָטן אויבן
און ווערט אַליין אַ בוים און רעגנט אָפּ פון זיך די שטויבן.

און אויבן איז אויך דער וואָס איז געלעגן אינעווייניק
און ווייניק איז פאַר אים די ליבע און די שׂינאה ווייניק —
דעם לעבנס צווילינג. און דער צווילינג בײַט זיך מיט גורלות
געגליכן צו אַקטיאָרן פאַרגרימירט אין דולע ראָלעס.

און אויבן הוידעט זיך די שטילקייט אויף אַ שנירל גינגאָלד
מיט רעגן־טראָפּנס אויפן מילדן הינטערגרונט פון גרינגאָלד.
און אויבן בענקט זײַן שטילע חכמה וואָס ער האָט געלאָזן
פאַר גרויסע און פאַר ליליפּוטן, גרויס ווי קליינע גראָזן.

און אויבן זוכט דעם שטעג אַהיים דער נאָמען פונעם זינגער,
זײַן צײַט (פאַראַן אַ צײַט וואָס איז קיין זאַמד ניט צווישן פינגער),
און ס'קלינגען זיך צוזאַמען זײַנע רינגען פון די שטאַמען
מיט עפּלדיקע ווערטער און מיט ווײַנשלדיקע גראַמען.

1978